HEYNE
BUSINESS

Erich Bauer

TAROT FÜRS BUSINESS

Uralte Weisheit im modernen Berufsleben

Originalausgabe

WILHELM HEYNE VERLAG
MÜNCHEN

HEYNE BUSINESS
22/1029

Umwelthinweis:
Dieses Buch wurde auf chlor- und säurefreiem Papier hergestellt.

Redaktion: Dagmar Loy
Illustration der Tarotkarten: Linde Famira

Printed in Germany 1997
Umschlagillustration: Tony Stone Bilderwelten/Ken Fisher, München, und Elmar Kohn, Landshut
Umschlaggestaltung: Atelier Adolf Bachmann, Reischach
Herstellung: M. Spinola
Satz: Schaber Satz- und Datentechnik, Wels
Druck und Verarbeitung: RMO-Druck, München

ISBN 3-453-11755-7

Einleitung

Dem Schicksal einen Schritt voraus

Schon immer gab es besonders neugierige oder auch naive Individuen, die ›Gottes Wege‹ durchschauen wollten: Dem Schicksal einen Schritt voraus zu sein, welch ungeheure Perspektive! Alexander der Große ging zum Orakel von Delphi, und Faust verbündete sich gleich mit dem Teufel. War dies vielleicht Legende, so ist von einem anderen Großen, nämlich Napoleon, verbrieft, daß er an die Karten glaubte. Vor jeder Schlacht zog es ihn ins Gemach seiner Joséphine. »Du mußt den linken Flügel stärken« – und Bonaparte gewann. Nach der Scheidung zog der große Franzose ohne Joséphines Karten in den Kampf und – doch wieder Legende? – verlor. Etwas mehr als hundert Jahre später erkannten Zeugen in der Schweiz einen Mann – er war auf der Durchreise nach Rußland – bei einem Tarotleger. Von ihm hätte man es am allerwenigsten erwartet: Wladimir Iljitsch Lenin. Er soll nach der Zukunft des Kommunismus gefragt haben. Die Karten waren miserabel.

Ein sehr altes Tarotspiel, es stammt aus dem 16. Jahrhundert, befindet sich im Museum von Marseille. Ob es davor auch schon Karten dieser Art gab, ist nicht bekannt. Viele Tarotmeister schwören, daß das Tarot aus Indien kommt, dort dem Gott Vishnu geweiht war und von den Zigeunern auf ihren endlosen Wanderungen nach Europa gebracht wurde. Andere wiederum legen ihre Hand dafür ins Feuer, daß die Wiege des Tarot bei den Pharaonen in Ägypten gestanden und über die Kreuzritter als Ersatz für den nicht gefundenen Gral zu uns gekommen sei.

Zu Beginn unserer Jahrhundertwende gab es schon einmal einen Tarotboom. Mitteleuropa war seit längerem ohne Kriege. Die sensibleren Zeitgenossen bekamen ihren Auftritt, bis die beiden Weltkriege diese esoterische Morgenröte unterbrachen.

Seit etwa 1980 blüht das magische Spiel mit den Karten erneut, und diesmal noch üppiger als je zuvor. Immer mehr Tarotschüler pilgern zu ›Eingeweihten‹, um von ihnen das magische Spiel zu erlernen. Wie groß das Interesse an Tarot wirklich ist, läßt sich schwer in Zahlen fassen, aber es sei hier darauf hingewiesen, daß manche der zahlreichen Tarotbücher und -spiele mittlerweile in die zehnte Auflage gehen. Und noch etwas ist sicher: Mindestens 85 Prozent der ›Fans‹ sind Frauen.

Bricht mitten im High-Tech das Mittelalter aus? Ist die Rückkehr der Hexen angesagt? Wenn ja, spielen dann die Männer die finstere Rolle der Inquisitoren? Denn diese nehmen – in der Regel – eine eher ablehnende Haltung ein: Blanker Unsinn, Kinderkram, unlogisch, Ersatzbefriedigung, so lauten die Einschätzungen. Tatsache ist allerdings auch, daß viele der Frauen gerade wegen ihrer Männer die Wahrsagekarten befragen: »Was geschieht, wenn ich ihn verlasse?« – »Kommt ein anderer Mann?« – »Liebt er mich?«

Über dreißig verschiedene Tarotspiele

Jeder Neuling im Land des Tarot ist verwirrt, wenn er einen esoterischen Laden betritt: Manchmal sind dreißig und mehr verschiedene Tarotspiele zu haben. Normalerweise gleichen sie in der Form anderen Kartenspielen, aber es gibt auch runde, sechs- oder zwölfeckige Spiele. Die Größe variiert vom Mini (ca. drei mal fünf Zentimeter) bis zum Maxi (zehn mal achtzehn Zentimeter). Das unterschiedliche Format allerdings bereitet kaum Kopfzerbrechen. Es sind die verschiedenen Darstellungen. Im bekanntesten Tarotspiel von Arthur Edward Waite, dem amerikanischen Tarot-Papst der letzten Jahrhundertwende, spazieren die Tarotfiguren im mittelalterlichen Genre herum. Tarotgroßmeister Crowley ließ zwischen 1938 und 1943 ein Spiel malen, das übersät ist mit ägyptischen Symbolen. Es gibt ein Katzen-Tarot (die Akteure sind Katzen), und kurzzeitig tauchte sogar ein James-Bond-Tarot auf. Des weiteren liegen hellenistische, chinesische, indianische und moderne abstrakte Versionen auf. Erst wenn der Tarotlehrling sich die Zeit nimmt und jedes Deck – so heißt ein Tarotspiel – genauer studiert, stellt er fest, daß zwar die Aufmachungen verschieden sind, nicht aber die

Motive. Immer tauchen die gleichen Sinnbilder auf: der Narr, der Magier, die Hohepriesterin, die Liebenden, der Tod und der Teufel und so weiter.

Wozu in aller Welt gibt es dann so viele Tarotspiele?

Einerseits fühlten sich Künstler immer schon von den universellen Motiven der Tarotkarten herausgefordert, eigene Versionen zu gestalten. Von Salvador Dalí weiß man, daß er zumindest über die Hälfte eines Tarotspiels gemalt hat. Um 1910 schmückten mehrere Künstler eine Tarotkapelle im Schloß Les Aveniers in Les Cruseille en France mit großen Tarottafeln aus Mosaiksteinen. In Capàlbio bei Monte Argentario nördlich Roms gibt es einen Tarotpark mit Skulpturen von Niki de Saint Phalle. Andererseits sollte sich auf den Karten der Geist und die Problematik der jeweiligen Zeit spiegeln.

Tarot und Wahrheit

Tarot ist ein Orakel. Und ein gutes Orakel spricht immer das aus, was im Fragenden schlummert. Vom griechischen Orakel waren viele enttäuscht, weil es auf manche Fragen verstümmelte, unklare und zweideutige Antworten gab. Aber so verhält sich nun mal ein richtiges Orakel, es spiegelt den Fragenden beziehungsweise es spricht immer die Sprache, die der Fragende versteht. Ein gutes Tarot führt den Fragenden zu sich. Es nimmt ihm nicht die Verantwortungen ab. Im Gegenteil, es zwingt den Fragenden, näher hinzuschauen und vielleicht unangenehme Aspekte seiner Situation anzunehmen.

Beim Tarot ist dies genauso. Durch die 78 Karten findet der Fragende einen Zugang zu sich selbst. Er blättert, wenn er die Karten mischt und aufdeckt, in seiner eigenen Seele. Er denkt über die Karten nach, aber in Wirklichkeit beschäftigt er sich mit sich selbst.

In der Psychologie gibt es den bekannten Rorschach-Klecks-Test. Der Proband deutet Tintenkleckse. Indem er sie deutet, geht er tief in seine Seele und macht sie somit begreifbar.

Ist Tarot also nur ein Psychotest? Sollen Ängste und Hoffnungen, Kräfte und Hemmungen nur benannt werden, damit man sich besser mit ihnen beschäftigen kann?

Auf alle Fälle ist das ein guter Einstieg ins Tarot.

Jeder, der diese Karten legt, stellt allerdings fest, daß das Tarot auch ›wahrsagt‹, daß es ›sehen‹ kann, daß es manchmal die Vergangenheit kennt und sogar die Zukunft ahnen kann.

Damit hat man die Welt des gesunden Menschenverstandes endgültig verlassen und einen Raum betreten, der sich mit unseren momentanen, anerkannten wissenschaftlichen Methoden nicht fassen läßt. Man kann diesen Raum mit Namen wie ›Glauben‹, ›Magie‹ oder ›Ver-rückt‹ belegen, aber man muß schon wissen, daß es keine Realität im normalen Sinne darstellt. Ob man sich darauf einlassen möchte, ist eine ganz persönliche Entscheidung.

»Es gibt zwischen Himmel und Erde wohl doch noch Dinge, die man nicht erklären kann.« Wer mit dieser Einstellung an das Tarot herantritt, ist neugierig und probiert etwas aus, was er auch immer wieder in Frage stellen kann – ja muß, wenn er nicht als hoffnungslos naiv dastehen will. Wer das Tarot fragt, befindet sich immer auf einer Gratwanderung. Er kann dadurch aufmerksamer und wissender werden – aber auch immer weltfremder und sektiererischer.

Tarot und Business

»Soll ich jetzt sofort handeln oder abwarten?« – »Habe ich bei meinem Vorstellungstermin morgen mit einem schwierigen Personalchef zu rechnen, oder ist er mir wohlgesonnen?« – »Wird sich meine finanzielle Situation verbessern oder verschlechtern?« – »Was hat mein Chef eigentlich gegen mich?« – »Soll ich diese Wertpapiere kaufen oder jene?« – »Gehe ich in die Werbung oder nicht?« – »Stelle ich diese oder jene Frau bei mir ein?« – »Wie steht mein Kollege zu mir?« – »Was fehlt mir an diesem Arbeitsplatz?« – »Was passiert, wenn ich jetzt kündige?« »Was bringt mich weiter?« – »Wie soll ich mich entscheiden?«

Das sind Fragen aus dem Berufsalltag. Es sind Fragen, die unter Umständen mit viel Geld, persönlichem Glück, Erfolg und Zufriedenheit, aber ebenso mit Verlusten, Unglück, Ruin und sogar Krankheit verbunden sein können. Solange die Antwort auf diese Fragen klar sind, braucht niemand ein Tarot oder irgendein anderes ›Zaubermittel‹. Wenn man aber die Antwort nicht kennt, dann kann der Griff zum Tarot behilflich sein. Nicht weil das Tarot die Frage beantwortet, sondern weil es beim Denken auf die Sprünge hilft.

Je größer die Verantwortung ist, die einer trägt, desto größer ist die Zahl seiner Berater, mit denen er sich umgibt. Das Tarot kann einer dieser Berater sein, der auf die seelischen Ressourcen zurückgreift. Er spiegelt neue Aspekte. Er weist auf mögliche Gefahren, aber auch Umwege hin. Der Berater Tarot beruhigt und entspannt. Er hilft die Zeit zu überbrücken. Er ist ein Antistreßmittel wie kaum etwas anderes sonst. Mit der Zeit wird er zu einem guten, handlichen Freund, der überall mitkommen kann.

Könige und andere große Leute hatten ihre Astrologen und Wahrsager, ohne die sie nie in eine Schlacht zogen oder wichtige Entscheidungen trafen. Wer das Tarot heute fragt, erhält ein wenig von diesem legendären Glanz.

Wie Tarot funktioniert

Allgemeine Vorbereitungen

Tarot muß man zelebrieren. Es ist eine Art Meditation. Damit ist nicht gemeint, daß man still und in sich gekehrt sein muß, sondern daß man den Karten eine besondere Aufmerksamkeit schenken sollte. Tarotkarten legen ist etwas anderes als beispielsweise ein Buch lesen oder sich unterhalten. Man betritt einen besonderen Raum, eine Art magische Bühne, auf der die normale Wirklichkeit für eine Zeitlang zurücktritt.

Man kann die Karten am Boden oder auf einem Tisch ausbreiten. Wer es besonders feierlich haben will, kann Kerzen oder eine Duftlampe anzünden. Günstig und weit verbreitet ist es auch, die Karten auf einem Tuch auszubreiten.

Wenn Sie bequem und entspannt sitzen, können Sie mit dem magischen Spiel beginnen.

Nehmen Sie die Karten in Ihre linke Hand, und schließen Sie für ein paar Sekunden die Augen. Beginnen Sie dann – mit geschlossenen Augen – das Spiel langsam zu mischen. Sie müssen kein ›professioneller Kartenmischer‹ sein, um richtig zu mischen. Es genügt, daß Sie eine neue Ordnung herstellen – ihre eigene, ganz persönliche Ordnung.

Wenn Sie glauben, daß die Karten genug gemischt sind, legen Sie den Stapel wieder vor sich hin. Öffnen Sie jetzt Ihre Augen, und heben Sie mit der linken Hand die Karten ab. Sie bilden also zwei Stapel. Legen Sie jetzt die Karten in veränderter Reihenfolge wieder zusammen. Wiederholen Sie diesen Vorgang noch zweimal. Vergessen Sie dabei nicht, die Karten immer mit der linken Hand abzuheben. Damit drücken Sie symbolisch aus, daß Sie Ihrer Intuition (linke Seite oder Herzseite des Menschen) und nicht der Logik (rechte Seite) folgen. Das gilt auch für Linkshänder.

Breiten Sie jetzt die Karten vor sich aus. Am schönsten ist ein offener Bogen, wie er in der Abbildung dargestellt ist.

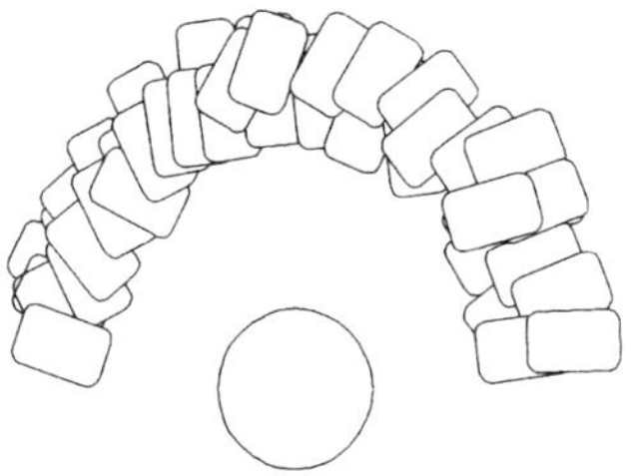

Entspannen Sie sich nach dem Auslegen der Karten.

Haben Sie eine bestimmte Frage, so konzentrieren Sie sich darauf. Haben Sie keine spezifische Frage, dann sagen Sie einfach zu sich: »Ich möchte wissen, was das Tarot mir zu sagen hat.«

Dann beginnen Sie, Ihre linke Hand über dem Halbkreis der Karten gleiten zu lassen. Wie beim Abheben wählen Sie die linke Hand, um damit wieder Ihre intuitive Seite ins Spiel zu bringen.

Sie können am linken oder rechten Ende der Karten beginnen und streichen dann ganz langsam zur anderen Seite und kehren wieder zurück.

Die ›richtige Karte‹ kann man nicht mit logischem Kalkül ausfindig machen. Das ist der ungeheure Sprung aus der Welt des Normalverstandes. Es ist kurios und magisch zugleich: Sie vertrauen der ›Sehkraft‹ Ihrer Hände.

Wenn Sie mit Ihren Händen in einem Abstand von ungefähr fünf Zentimetern über die Karten streichen, werden Sie ganz leichte Unterschiede spüren, ein Schwanken des Druckes, eine wechselnde Wärme oder eine Ungleichheit der Dichte. Lassen Sie sich von diesen Schwankungen führen, bis Sie eine Karte für ›richtig‹ befinden. Vielleicht spüren Sie diese feinen Veränderungen nicht gleich beim ersten Mal. Dann folgen Sie einfach der Eingebung Ihrer linken Hand, die irgendwann eine Karte berührt.

Diejenige Karte, die Sie so bestimmt haben, legen Sie bitte unaufgedeckt in den Halbkreis. Möchten Sie mehrere Karten auswählen, dann verfahren Sie mit den anderen Karten genauso.

Haben Sie die Karte(n) ausgewählt, die Sie zum Spiel benötigen, drehen Sie diese um. Jetzt beginnt der spannendste Augenblick: Das Tarot spricht mittels Bildern zu Ihnen. Sie treten in einen geheimnisvollen Austausch mit dem Geist des Tarot.

Richtige oder verkehrte Lage

Einige Tarotmeister geben einer Karte, die verkehrt, also auf dem Kopf stehend, aufgedeckt wird, eine andere Bedeutung, als wenn sie richtig liegt. So bedeutet zum Beispiel die Karte des Kaisers (Trumpfkarte IV des Großen Arkanums), wenn sie richtig liegt, ›Autorität‹, ›Führungsqualifikation‹ oder ›Ordnung‹. Verkehrt aufgedeckt, kehrt sich die Bedeutung in ›Tyrannei‹ oder ›Führungsmißbrauch‹ um. In diesem Buch wird die jeweilige Lage der Karten nur in den allerwenigsten Fällen berücksichtigt. Ein Anfänger sollte auf keinen Fall darauf eingehen. Erst wenn man sehr viel Erfahrung mit den Karten gesammelt hat, macht es einen Sinn, auf die richtige beziehungsweise verkehrte Lage einzugehen.

Fünf Regeln

1. Nehmen Sie das Tarot spielerisch. Wäre das Tarot eine todernste Angelegenheit, hätte man es nicht auf Spielkarten, sondern vielleicht auf eherne Tafeln gedruckt oder in kostbaren Büchern veröffentlicht. Tarot ist eine Unterhaltung mit einer anderen Wirklichkeit, ein Zeitvertreib. Es handelt sich nicht um eine absolute Offenbarung. Auch der Narr, die Karte 0 aus dem Großen Arkanum, steht dafür, daß das Tarot ein Spiel ist, vielleicht nur von Zigeunern erfunden, um den reichen Leuten ihr Geld aus der Tasche zu ziehen. Das Tarot verbreitet keine Dogmen.

2. Betrachten Sie das Tarot wie einen guten Freund. Tarot erinnert Sie, mahnt Sie vielleicht auch manchmal, es muntert Sie auf, und es ist vor allem bei allem dabei. Es besteht aus einem kleinen Päckchen Karten, das man in jeden Aktenkoffer, jedes Handtäschchen und in jede Rocktasche bekommt. Man kann Tarot zu Hause, im Hotel und – bei einiger Geschicklichkeit –

sogar im Flugzeug befragen. Was das Tarot sagt, braucht man auch nicht widerspruchslos hinzunehmen. Sollte Ihnen eine Karte nicht zusagen, nehmen Sie eben noch eine weitere Karte. Widersprechen Sie dem Tarot, diskutieren Sie mit ihm – so, wie Sie sich mit einem guten Freund unterhalten würden!

3. Das Wichtigste ist Intuition. Ein Tarotmeister unterscheidet sich von einem Anfänger in erster Linie nicht dadurch, daß er die Deutung der einzelnen Karten und Legetechniken beherrscht, sondern daß er seiner Intuition vertraut. Das Wort Intuition stammt aus dem Lateinischen und bedeutet soviel wie in sich hineinspüren. Frauen beherrschen dies in aller Regel besser als Männer. Das rührt daher, daß in unserer Kultur der überwiegende Gebrauch des logischen Verstandes nicht vorrangig zum Erziehungsprogramm einer Frau gehört. Intuition kann man lernen. Dazu läßt man die Tarotkarte auf sich einwirken. Mit dem Verstand beschreibt man das Bild möglichst exakt und objektiv. Zum Beispiel könnte eine derartige Beschreibung des Magiers (Karte I des Großen Arkanums) folgendermaßen lauten: »Da ist eine Gestalt. Es ist ein Mann oder eine Frau, das kann man nicht genau erkennen, weil er oder sie dem Betrachter den Rücken zukehrt. Die Gestalt ist ungefähr 20 Jahre alt. Auch das kann man nicht genau erkennen. Er oder sie tritt durch ein Tor hinaus ins Freie, oder es könnte genausogut der Fall sein, daß die Gestalt in einen Garten oder in eine Landschaft tritt, die von einer Mauer umgeben ist…« Läßt man das gleiche Bild kraft seiner Intuition auf sich wirken, könnte die Beschreibung folgendermaßen beginnen: »Das Bild beeindruckt mich. Es spiegelt Dynamik und Bewegung wider. Irgendwie scheint die Gestalt von einem fernen Ziel angezogen zu werden. Ah, jetzt sehe ich es erst, über dem Kopf ist eine liegende Acht, das Unendlichkeitszeichen, nicht wahr? Magisch geheimnisvoll wirkt diese Karte auf mich – vielleicht sogar ein wenig bedrohlich…« Die Intuition ist immer subjektiv, und es gibt kein richtig oder falsch. Man gewährt sämtlichen Gefühlen und Einsichten Zugang zum Bewußtsein.

4. Fragen Sie möglichst spontan und direkt. Wer Tarot spielt, hat eine Frage. So war es bereits vor Hunderten von Jahren, als man ein Orakel befragte, Vogelknochen aus einer Schale in den Sand warf oder mit Würfeln spielte. Auch wer keine explizite Frage stellt, begegnet dem Tarot dennoch mit einem Fragezeichen: Er möchte vielleicht wissen, was ihm die Zukunft bringt, oder er ist einfach neugierig, was ihm die Karten verraten. Auch jede Legetechnik impliziert eine Fragestellung, denn die Lage und das Bild der aufgedeckten Karten geben eine oder mehrere Antworten.

Es gibt signifikante und allgemeine Fragen. Allgemeine Fragen sind in gewisser Weise auch risikolos oder sogar langweilig. Dazu gehören solche wie: »Was bringt mir die Zukunft?« – »Was erwartet mich im nächsten Jahr?« – »Bin ich auf dem richtigen Weg?« – »Wo stehe ich in meiner Entwicklung?« Auf solche Fragen kann die Antwort so oder so ausfallen und beinhaltet für den Fragesteller in aller Regel keinerlei Risiko.

Signifikante Fragen sind riskant, brisant und können zumindest den Fragenden im Inneren zu bestimmten Konsequenzen führen. Solche Fragen können zum Beispiel lauten: »Bin ich der richtige Mann / die richtige Frau fürs Management?« – »Mögen mich meine Kollegen?« – »Bringe ich es in dieser Abteilung zu etwas?« – »Was hält mein Chef von mir?« All diese Fragen beinhalten ein gewisses Risiko, und man braucht Mut, um sie überhaupt zu stellen.

Die Regel lautet, daß man versuchen soll, die Fragen so präzise und klar wie möglich zu stellen. Dies ist eine alte Tarot-Weisheit: Je mutiger und riskanter die Frage, um so eindeutiger und aussagekräftiger ist die Antwort.

5. Immer nur einmal pro Tag die Karten befragen. Manche Tarotsitzungen dauern weniger als eine Minute. Man hat mal eben eine Frage, mischt nur ganz kurz und greift sich irgendeine Karte aus dem Deck heraus. Andere Tarotsitzungen dauern den ganzen Abend bis weit in die Nacht hinein: weil man sich immer wieder besinnt oder weil man dazwischen einen Freund anruft und mit ihm die gezogenen Karten bespricht oder weil man dazwischen kocht, seine Steuererklärung macht, aufräumt…

Ganz egal, wie lange Sie Tarot spielen, pro Tag sollen Sie nur einmal das Tarot zu einer spezifischen Situation befragen.

»Vor einer Stunde habe ich das Tarot zu meiner beruflichen Situation befragt. Jetzt möchte ich wissen, ob das Tarot immer noch die gleiche Meinung hat, ob ich also die gleichen Karten ziehe ...« Ein derartiges Vorgehen ist töricht, weil es auf eine Bestätigung beziehungsweise Widerlegung aus ist. Aber es gibt nichts zu beweisen! Die Karten sind ein Spiegel der Seele. Sie geben nie mehr zurück, als man hineindeutet. Mit ihrer Hilfe sind tiefe Einsichten in das Leben, aber auch ganz konkrete Rückmeldungen über die eigene, seelische Befindlichkeit möglich. Kraft der universellen Magie der Karten entdeckt sich der Tarotspieler selbst, er hält Zwiesprache mit seinen Gefühlen, Gedanken und Absichten. Er kann sich über seine Vergangenheit und sogar Zukunft unterhalten. Wer Tarot legt, wäre ein Narr zu glauben, er könnte mit Hilfe der Karten auf magische Weise sein Leben verändern. Aber er ist weise, wenn er mit Hilfe des Tarot versucht, Licht in seine Seele zu bringen und seinen Lebensweg zu erhellen.

Beschreibung und Deutung der 78 Karten

Das Große Arkanum

Das Große Arkanum oder die Trumpfkarten sind die 22 wichtigsten Karten im Tarot. Manche Karten haben einen religiösen Inhalt, wie die Hohepriesterin und der Hohepriester. Andere haben einen Bezug zur Welt der Magie, wie der Teufel und der Magier. Es gibt Karten, die sich auf den mittelalterlichen Hof beziehen, wie der Siegeswagen, die Kaiserin und der Kaiser, und es gibt solche, die einfach Stationen des Lebens widerspiegeln, wie die Liebenden, der Tod und die Zerstörung. Vier Karten haben einen deutlichen Bezug zur Astrologie: die Sterne, der Mond, die Sonne und die Welt. Manche Karten symbolisieren Stufen menschlicher Verwirklichung, wie der Narr und der Eremit. Es gibt Bilder, die auf den ersten Blick seltsam und rätselhaft wirken, wie die Gestalt, die mit dem Kopf nach unten hängt, oder der Wagenlenker mit den beiden Sphinxen.

Manche Karten lösen Angst aus, wie der Teufel und der Tod, und bei anderen freut sich das Herz, wie beim Bild der Liebenden oder der Karte der Sonne.

Am ehesten kann man sich die Trumpfkarten wie umfassende Zustände der Seele vorstellen. Sie sind in gewisser Weise den anderen Karten übergeordnet. Bei der Deutung und Interpretation läßt man den Karten des Großen Arkanums stets mehr Aufmerksamkeit zukommen als denjenigen des Kleinen Arkanums.

Der Magier

KARTE I

Macht

I Der Magier

Aussage Der Magier. Das männliche Prinzip. Berufliche Selbstverwirklichung durch bewußtes Erkennen. Das berufliche Schicksal in die eigene Hand nehmen. Sich von Abhängigkeiten befreien.

Bild Ein Mann drängt aus der Dunkelheit hinaus in das Licht. In der rechten Hand hält er den Zauberstab, in der linken einen Wanderstab. Dieser Wanderstab symbolisiert eines der vier universellen Elemente, nämlich Feuer. Das Schwert symbolisiert Luft. Der Kelch bedeutet Wasser. Die Scheibe mit dem Pentakel symbolisiert Erde. Über dem Haupt des Magiers befindet sich eine liegende Acht, Symbol der Unendlichkeit. Man sieht den Magier von hinten. Es drückt aus, daß der Magier aufbricht und bereit ist zu handeln.

Deutung Der Magier symbolisiert den Beginn einer großen Reise, deren Ziel mehr Macht, Einsicht, Wissen und Weisheit ist. Auf der Stufe des Magiers beginnt der Mensch zu begreifen, daß er sein Schicksal selbst gestaltet, daß niemand, weder Eltern noch Gesellschaft, noch ein Konjunkturaufschwung beziehungsweise -abschwung, ihn bestimmt. Die vier Werkzeuge symbolisieren die vier Elemente, Feuer, Wasser, Erde und Luft. Der Magier erkennt, daß alles im Universum eine einmalige Mischung aus diesen vier Elementen ist.

Management Sie begreifen, daß Sie selbst es sind, der sein berufliches Leben bestimmt. Sie erkennen, daß Sie nur bereit sein müssen für berufliche Veränderung und Wandel. Im Lichte des Magiers sind Sie jeder Aufgabe gewachsen. Nichts ist unmöglich. Wichtig ist, daß Sie handeln! Die Tat bringt Gelingen! Des weiteren ist wichtig, daß Sie anderen mit gutem Beispiel vorangehen. So erlangen Sie die Berechtigung, auch andere zu führen.

Finanzen und Investitionen Halten Sie sich jetzt nicht lange mit Überlegungen auf, was das eine bringt oder das andere kostet. Seien Sie einfach aktiv!

Bewerbungen und Gesuche Jetzt ist genau der richtige Zeitpunkt, um Bewerbungsgespräche zu führen. Es dürfte Ihnen nicht schwerfallen, andere von Ihren Fähigkeiten und Führungsqualitäten zu überzeugen. Wichtig ist, daß Sie bei einer Vorstellung Ihre kämpferische Natur in den Vordergrund rücken.

Kündigung Wenn Sie darauf warten, sich von Ihrem Arbeitsplatz zu lösen, so ist jetzt der richtige Zeitpunkt. Sie können sogar kündigen, ohne daß bereits Aussichten auf eine neue Stellung bestehen. Mit der Karte des Magiers haben Sie auf dem Stellenmarkt einen Joker in der Tasche.

Verträge und Vereinbarungen Der Zeitpunkt ist ungünstig für Unterschriften. Der Grund liegt schlicht und einfach darin, daß Sie sich durch Unterschriften nur binden, Ihren Schwung nur bremsen.

Risiken Die einzige Gefahr, die im Moment besteht, ist die, daß Sie sich selbst im Weg stehen. Mut ist erforderlich, nicht Zögern!

Die anderen Entweder die anderen stehen hinter Ihnen, oder – falls sie sich Ihnen in den Weg stellen – bedeuten kein Hindernis.

Außerberufliche Faktoren Die Karte des Magiers bedeutet ganz allgemein eine Phase der Stärke, des Handelns, eines Neubeginns.

Die Hohepriesterin

KARTE II

Intuition

II Die Hohepriesterin

Aussage Intuition. Der Weg nach innen. Das weibliche Prinzip. Sich auf seine Gefühle verlassen können. Gefühl wiegt mehr als Ratio.

Bild Eine Frau sitzt mit geschlossenen Augen, wie in sich selbst versunken, auf einem Hocker. Ihr linker Fuß ruht auf der Mondsichel als Zeichen ihrer Intuition. Die Hohepriesterin sitzt zwischen den beiden Tempelsäulen des Königs Salomon. Diese beiden Säulen spiegeln die Polarität allen Lebens. In ihrer Hand hält die Hohepriesterin eine Schriftrolle mit dem Wort ›Tora‹. Es bedeutet ›Gesetz‹.

Deutung Die Hohepriesterin verkörpert das aufnehmende, das empfangende Prinzip. Sie ergänzt den Magier (Karte I), der nach außen tritt, logisch denkt und handelt. Die Hohepriesterin empfängt die Welt, nimmt sie in sich auf und trifft dann eine Entscheidung aus ihrem Gefühl, aus ihrem Bauch heraus.

Management Bevor Sie jetzt irgend etwas unternehmen, ist eine Zeit innerer Sammlung angebracht. Ziehen Sie sich zurück, sorgen Sie dafür, daß Sie nicht gestört werden, und spüren Sie in sich hinein. Warten Sie, bis Ihr Bauch ›weiß‹, was Sache ist. Lassen Sie sich nicht in einen Disput verwickeln! Entweder Sie sind sich sicher, dann können Sie handeln. Oder Sie sind sich unsicher, dann ist es besser zu schweigen und zu warten, bis Sie klarer sehen. Nicht mit Hilfe der Logik, sondern der Intuition kommen Sie weiter.

Finanzen und Investitionen Im Moment ist nicht die richtige Zeit, um irgendwelche Geldgeschäfte zu tätigen. Warten Sie ab, und nützen Sie die Zeit, um in sich selbst sicherer zu werden.

Bewerbungen und Gesuche Jetzt ist nicht die Zeit für ein Vorstellungsgespräch oder einen Vorstoß im Personalbüro.

Kündigung Selbst wenn Ihnen Unrecht geschehen ist, ist jetzt ein schlechter Zeitpunkt, um zu kündigen. Warten Sie einige Tage!

Verträge und Vereinbarungen Verlassen Sie sich auf Ihr Gefühl! Wenn Sie auch nur das geringste Unbehagen verspüren, ein Schriftstück zu unterzeichnen, dann schieben Sie diesen Prozeß auf oder unterlassen Sie ihn ganz.

Risiken Legen Sie Zweifel nicht als Schwäche aus. Möglicherweise ist Ihr Zweifel nur ein Ausdruck eines berechtigten Einwandes.

Die anderen Lassen Sie sich von anderen nicht davon abbringen, an sich und Ihre Intuition zu glauben.

Außerberufliche Faktoren Manchmal signalisiert die Karte, daß Sie eine Periode der Entspannung benötigen.

Die Kaiserin

KARTE III

Urvertrauen

III Die Kaiserin

Aussage Fruchtbarkeit. Natur. Geborgenheit. Sicherheit. Wärme. Sorgloses Dasein. Urvertrauen.

Bild Eine halbnackte Frau, die einen ihrer beiden Füße auf den Mond stützt, sitzt in der Natur. Sie ist umgeben von Ähren, fließendem Wasser und hält in ihrer Hand einen Stab mit dem Weiblichkeitszeichen.

Deutung Die Kaiserin symbolisiert Fruchtbarkeit, Mütterlichkeit und Sinnlichkeit. Ihr Eingebettetsein in die Natur ist ein Zeichen ihres Vertrauens in die Schöpfung. So wie die Natur alles trägt, was sie hervorbringt, so trägt auch die Existenz den Menschen. Daher spricht man von der Existenz auch als von der Großen Mutter. Im Licht der Kaiserin erfährt sich der Mensch wieder als Teil der Schöpfung, findet Vertrauen in die Existenz, kann loslassen, fühlt sich getragen und geborgen.

Management Genießen Sie, was Sie haben. Für Ihre Sicherheit oder die Ihres Unternehmens ist im Moment nichts zu tun. Vertrauen Sie. Sind Sie für andere verantwortlich, dann sorgen Sie für sie wie eine Mutter.

Finanzen und Investitionen Es ist jetzt nicht der richtige Zeitpunkt, um zu investieren. Es ist jetzt auch nicht der Zeitpunkt, um sich zu sorgen. Diese Karte verweist häufig auf unnötige Existenzängste. Wenn sich der Mensch als einzelner, losgelöst vom

Ganzen und der sorgenden Großen Mutter, erlebt, entsteht Einsamkeit und große Angst.

Bewerbungen und Gesuche Wenn Sie aufgefordert werden, dann zeigen Sie, was Sie können oder was Sie besitzen. Werden Sie aber nicht von sich aus aktiv.

Kündigung Sie fühlen sich unsicher und glauben an einem anderen Arbeitsplatz mehr Schutz zu finden. Die Kaiserin erinnert Sie jedoch daran, daß Sie Sicherheit nur in Ihrem Inneren finden können. Wenn Sie jetzt gehen, nehmen Sie all Ihre Ängste mit. Das Ganze wäre nur eine Flucht und würde zu nichts führen.

Verträge und Vereinbarungen Jeden Vertrag und jede Vereinbarung, die Sie im Licht dieser Karte schließen, hält ›ewig‹. Die Existenz selbst ist der Garant für Richtigkeit und Dauer.

Risiken Nur Ihre eigenen Zweifel sind ein Problem. Nur wenn Sie dem größeren Ganzen nicht vertrauen, besteht Gefahr. In verkehrter Lage, das heißt, auf dem Kopf stehend, verweist die Karte manchmal darauf, daß man den unmittelbaren Zugang zu sich als Teil der Schöpfung im Augenblick verloren hat.

Die anderen Erleben Sie die anderen genau wie sich als Teil der Großen Mutter. Suchen Sie Gemeinsames und nicht Trennendes. Halten Sie sich nicht mit Konkurrenzgefühlen auf.

Außerberufliche Faktoren Die Karte signalisiert ganz generell, daß Sie eine Zeit der Ruhe und Besinnung benötigen. Auch ein Hinweis auf baldige Ferien ist in der Karte enthalten.

Der Kaiser

IV Der Kaiser

KARTE IV

Ordnung

Aussage Ordnung und Klarheit im Unterschied zu Willkür und Chaos. Das absolute Gesetz. Ein fremder Wille setzt sich durch. Der Chef. Ein Vorgesetzter. Management.

Bild Ein alter König sitzt würdig auf einem Thron. In seiner linken Hand hält er das Schwert als Zeichen seiner Strenge. In seiner rechten Hand hält er einen Stab mit einem Erdapfel als Zeichen seiner Macht. An seinem Hals hängt ein schweres (eisernes) Kreuz als Zeichen seiner Beherrschtheit. Hinter ihm erkennt man die Konturen eines Adlers, ein Sinnbild für den universellen Weitblick des Kaisers.

Deutung Im Licht des Kaisers wird die gesamte Existenz ein Ausdruck von Gesetz und Ordnung. Der Mensch erfährt seine Bestimmung jenseits eigener Willkür, als Begrenzung, als Gegenkraft zu seiner Lebensenergie. Sein Wunsch nach Selbstverwirklichung und das eherne Gesetz des Herrschers prallen aufeinander. Wie die Kaiserin als die Große Mutter gesehen werden kann, die alles prägt, behütet und wärmt, so ist der Kaiser als der Große Vater zu verstehen. Der Herrscher symbolisiert aber auch den Herrn eines Unternehmens, den Chef, den Vorgesetzten, einen Abteilungsleiter oder eine Abteilungsleiterin.

Management Sie werden auf die Führung eines Unternehmens verwiesen. Möglicherweise sind Sie selbst ein Teil dieser Führungsspitze. Dann ist es wichtig, die Karte als ein Zeichen Ihrer

Macht und Verantwortung zu betrachten: Regieren Sie gerecht, objektiv, ohne persönliche Willkür. Gehören Sie nicht selbst zur Führungsschicht eines Unternehmens, verweist Sie die Karte auf Ihre Beziehung zu dieser Gruppe. Dann ist es wichtig, sich unterzuordnen, sich einzufügen. Es ist aber auch möglich, daß die Karte Sie auffordert, Ordnung in Ihr Leben zu bringen. Das kann im Kleinen auch einmal bedeuten, Ihren Schreibtisch aufzuräumen.

Finanzen und Investitionen Sie können nur gewinnen, wenn Ihre Geldgeschäfte auf soliden Beinen stehen. Unsichere, spekulative, zweifelhafte Transaktionen sind zum Scheitern verurteilt.

Bewerbungen und Gesuche Diese Karte verweist immer auf eine strenge Prüfung.

Kündigung Eine Kündigung im Licht des Herrschers ist ungünstig. Besser ist, zuerst Ihre Beziehung zu Ihrem Vorgesetzten zu klären.

Verträge und Vereinbarungen Ihre Absprachen werden gelingen. Sie stehen unter einem guten Stern.

Risiken Sollten Sie diese Karte häufig oder mehrmals kurz hintereinander ziehen, kann es sein, daß Sie Züge einer strengen und gnadenlosen Autorität besitzen beziehungsweise daß die Karte Sie auf ein kaltes und unpersönliches Verhältnis zu Ihren Untergebenen aufmerksam machen möchte. Dies gilt besonders, wenn die Karte verkehrt, das heißt auf dem Kopf stehend aufgedeckt wird.

Die anderen Das Verhältnis zu den anderen ist das zwischen Chef und Mitarbeiter.

Außerberufliche Faktoren Ganz allgemein verweist die Karte des Herrschers auf wichtige Autoritätspersonen, manchmal auch auf den Vater oder (für eine Frau) auf den Ehemann.

Der Hohepriester

KARTE V

Weisheit

V Der Hohepriester

Aussage Lehrer. Meister. Chef. Fachmann. Managementberatung. Training. Weiterbildung. Sich an einen Fachmann wenden. Sich Rat holen.

Bild Ein lächelnder Buddha im Lotussitz hält einen großen Schlüssel in der Hand. Auf seiner Schulter sitzt ein Pfau als Zeichen einer paradiesischen Umgebung. Seine rechte Hand nimmt eine segnende Haltung ein.

Deutung Der Hohepriester ist der Eingeweihte. Ihm hat sich Wahrheit offenbart. Dadurch wird er zum Meister, Lehrer, Berater, Fachmann etc. Der Schlüssel ist Symbol seines Wissens. Den Schlüssel zu erhalten ist in der Tradition des Buddhismus immer verbunden mit einer Einweihung. Es ist nur möglich, wenn der Lernende dem Lehrenden und Wissenden vertraut. So verweist die Karte auf einen Menschen, dem man vertrauen kann. Im Licht der Karte des Hohenpriesters richtet der Mensch sein Leben nach den Weisungen eines anderen, eines Meisters. Er erkennt in ihm einen Weg und empfängt den Schlüssel, der aus Vertrauen geschmiedet ist.

Management Ziehen Sie andere zu Rate. Dies kann durch ein Managementtraining, einen Betriebsberater oder eine Agentur sein. In jedem Fall sind Sie mit Ihrem Latein am Ende und brauchen den Rat einer außenstehenden Person.

Finanzen und Investitionen Unternehmen Sie im Moment nichts ohne Beratung durch betriebsfremde Personen. Das kann auch eine Agentur oder ein Managementtraining sein. In jedem Fall sollten Sie vor jeder Investition kompetente Gremien, eine Bank oder Finanzprofis konsultieren.

Bewerbungen und Gesuche Konsultieren Sie eine Agentur, oder melden Sie sich für ein Personaltraining an. Begegnen Sie Lehrern, Trainern und Agenten mit Vertrauen.

Kündigung Ohne fremden Rat sollten Sie im Moment keinen Schritt in Richtung Kündigung unternehmen.

Verträge und Vereinbarungen Möglicherweise sind beim Verfassen eines Vertrages oder einer Vereinbarung Meinungsverschiedenheiten aufgetreten. In diesem Fall ist es unerläßlich, eine außenstehende, neutrale Person zu Rate zu ziehen. Es kann aber auch sein, daß die Karte Sie darauf hinweist, vor Abschluß eines Vertrages eine kompetente Person, eine Agentur oder einen Rechtsbeistand aufzusuchen, um Verträge und andere wichtige Papiere prüfen zu lassen.

Risiken In seltenen Fällen und nur, wenn der Hohepriester auf dem Kopf stehend aufgedeckt wird, beinhaltet die Karte eine Warnung vor falschen Propheten und sich aufspielenden Meistern.

Die anderen Die anderen können im Moment wichtiger sein als Ihre eigene Meinung. Begegnen Sie daher Ihren Kollegen, Vorgesetzten und Mitarbeitern mit dem größten Respekt.

Außerberufliche Faktoren Die Karte hat auch eine spirituelle Bedeutung. Sie verweist Suchende auf ihren Lehrer und Meister. Manchmal beinhaltet sie auch den Rat, sich einer Therapie zu unterziehen oder eine Selbsterfahrungsgruppe zu suchen.

Die Liebenden

KARTE VI

Liebe

VI Die Liebenden

Aussage Liebe. Gegenseitige Erfüllung. Harmonie. Ergänzung. Veränderung.

Bild Auf dem Bild sind eine nackte Frau und ein nackter Mann in Liebe umschlungen. Der Aronstab symbolisiert sexuelle Vereinigung.

Deutung Im Zeichen der Liebenden begegnen sich weibliche und männliche Energie, Magier und Hohepriesterin. Der Magier ist männlich aktiv, er tritt hinaus in die Welt, die Hohepriesterin ist weiblich, sie zieht sich von der Welt zurück, sieht in ihren geheimnisvollen inneren Spiegel. Diese Gegensätze sind wie Pole eines ungeheuren Energiefeldes. Man sagt, daß Gott zwei Geschlechter schuf, weil er wußte, daß diese Spannung den Menschen nicht ruhen läßt, bis er erlöst ist. In der Liebe erfährt der Mensch diese Erlösung. Die Spannung verwandelt sich in ein Glücksgefühl.

Management Sie werden von der Kraft der Liebe getragen. Ihre Entscheidungen sind weise und gütig. Liebe verbindet Sie wie ein Band mit Ihren Mitarbeitern und Vorgesetzten. Sie wissen, daß jedes Unternehmen durch die Kraft der Liebe an Macht und Größe gewinnt und daß es ohne diese Kraft schrumpft und letztlich untergeht. Liebe ist eine gewaltige Kraft. Dabei ist der äußere Schein nicht entscheidend. Vielleicht ist Ihr Verhältnis zu Ihren Vorgesetzten oder Ihren Kollegen beim ersten Eindruck alles andere als liebevoll. Die Kraft der Liebe wirkt dahinter, unsichtbar für denjenigen, der nicht gelernt hat, hinter die Oberfläche zu sehen.

Finanzen und Investitionen Ihre Geldgeschäfte stehen unter günstigen Voraussetzungen. Sie sind von Liebe getragen. Das bedeutet auch, daß Ihr Verhältnis zum Geld rein ist und nicht von Gier und Egoismus getragen wird.

Bewerbungen und Gesuche Alle Ihre Schritte stehen unter einem günstigen Schicksal, solange sie vom Gefühl der Liebe getragen sind. Das bedeutet auch, daß es bei einem Vorstellungsgespräch auf Ihre Loyalität und Achtung dem Unternehmen gegenüber ankommt.

Kündigung Die Karte der Liebenden verweist Sie auf eine möglicherweise Ihnen selbst unbekannte Zuneigung zu Ihrem Unternehmen oder zu Menschen aus ihm. Eine Kündigung wäre daher der falsche Schritt. Besser ist es herauszufinden, was oder wer Sie gekränkt hat. Suchen Sie das Gespräch und die Versöhnung.

Verträge und Vereinbarungen Schließen Sie keine Abmachungen, die nicht von gegenseitiger Zuneigung getragen werden. Mit Menschen, die Ihnen zuwider sind, dürfen Sie im Moment keine Vereinbarungen treffen.

Risiken Liebe macht ganz, Liebe macht aber auch abhängig. Mißbrauchen Sie daher das Gefühl der Liebe nicht, insbesondere solchen Menschen gegenüber, die von Ihnen abhängig sind. Manchmal verweist die Karte, wenn sie in verkehrter Lage aufgedeckt wird, darauf, daß im Leben des Tarotspielers die Liebe zu kurz kommt.

Die anderen Im Licht der Liebenden stehen Ihnen die anderen als liebevolle Partner gegenüber und nicht als Konkurrenten oder Feinde.

Außerberufliche Faktoren Gehen Sie auf ein Fest. Verabreden Sie sich mit einem Menschen, den Sie mögen, und verbringen Sie eine gemeinsame Nacht. Folgen Sie dem Rausch der Sinne. Vergessen Sie Ihren Beruf...

Der Siegeswagen

KARTE VII

Gelingen

VII Der Siegeswagen

Aussage Einsicht. Bewußtheit. Der Einblick in die Dualität des Lebens. Über Zweifel hinaus wachsen.

Bild Ein Mann mit verbundenen Augen scheint ohne Zügel zwei Sphinxe zu lenken, die vor seinen Wagen gespannt sind. Die beiden Sphinxe sind schwarz und weiß und verweisen auf die Polarität des Lebens. Auf der Brust des Mannes befindet sich eine Sonne, seine beiden Schultern sind mit zwei Mondsicheln verziert.

Deutung Alles im Leben ist polar: gut und böse, reich und arm, erfolgreich und erfolglos, Tag und Nacht, Himmel und Hölle. Das Tarot greift zu verschiedenen Sinnbildern, um diese Polarität auszudrücken: eine weiße und eine schwarze Sphinx, Sonne und Mond, Mann und Frau. Der Wagenlenker steht über der Polarität, er entscheidet sich weder für das eine noch für das andere. Er identifiziert sich weder mit der einen noch der anderen. Dadurch verliert die Dualität ihre Macht. Die Kräfte werden vorhersehbar und lenkbar. Die Sphinxe, Sinnbilder der Zweiheit, folgen den Zügeln des Geistes. Der Mond signalisiert, daß der Wagenlenker dem Wirken der Gegensätze in seinem tiefsten Inneren nachspürt, um sie zu verstehen.

Management Sie stehen vor einer bedeutsamen Situation. Gelingen stellt sich ein, wenn es Ihnen möglich ist, die auftretenden Widersprüche zu vereinigen. Diese Widersprüche können unterschiedliche Positionen verschiedener Personen sein. Es kann aber auch ein Zwiespalt in Ihnen selbst sein. Wichtig ist, daß Sie sich nicht zu einer einzigen Entscheidung durchringen, sondern einen Weg finden, der die verschiedenen Richtungen vereint. Ihre innere Haltung ist wichtig. Überstürzen Sie nichts. Lassen Sie die Dinge aus sich selbst heraus geschehen.

Finanzen und Investitionen Lassen Sie sich nicht vom Auf und Ab der Börse oder Ihrer wirtschaftlichen Situation beeindrukken. Sie haben ein Ziel, und dieses Ziel sollten Sie weiterhin im Auge behalten.

Bewerbungen und Gesuche Zeigen Sie beim Bewerbungsgespräch Ihr Können, Ihre Talente, Ihre Erfahrungen. Aber erwähnen Sie auch Ihre Grenzen, was Sie nicht können oder was Sie nicht zu tun bereit sind.

Kündigung Die Karte gibt keine eindeutige Antwort auf die Frage, ob Sie kündigen sollen oder nicht. Wichtig ist, daß Sie vor jeder Entscheidung sämtliche Vor- und Nachteile abwägen und berücksichtigen.

Verträge und Vereinbarungen Im Moment gibt es keinen Vertrag, der ausschließlich Vorteile für Sie beinhaltet. Sie müssen auch Nachteile in Kauf nehmen.

Risiken Es ist schwierig, beide Seiten einer Sache im Auge zu behalten. Der menschliche Geist neigt dazu, eine Seite zu bevorzugen und die andere zu vernachlässigen.

Die anderen Es ist möglich, daß die anderen eine Ihnen entgegengesetzte Position einnehmen. Dann ist es wichtig, einen Kompromiß zu finden.

Außerberufliche Faktoren Möglicherweise signalisiert der Siegeswagen auch, daß Sie zu einseitig auf Ihren Beruf setzen und Ihre Privatsphäre gleichgewichtig neben die berufliche Sphäre stellen sollten.

Die Stärke

KARTE VIII

Kraft

VIII Die Stärke

Aussage Stärke, Geduld und Entschlossenheit. Der Umgang mit Feinden. Der Umgang mit der eigenen Triebkraft, besonders mit der Sexualität. Dem Instinktiven mit Respekt begegnen.

Bild Eine halbnackte Frau mit einer Krone, die sie als Königin kennzeichnet, reitet auf einem Löwen. Sie hat keine Angst, sondern beugt sich liebevoll über das Tier. Über ihrem Haupt schwebt eine liegende Acht, Symbol ihrer unendlichen Kraft.

Deutung Der Löwe ist der König der Tiere und gilt als Symbol menschlicher Stärke und Triebkraft. Die Frau ist eine Verkörperung der Hohenpriesterin. Sie hat den Löwen gezähmt, spielt mit ihm ohne Angst und streichelt sein goldenes Fell. Wer den Löwen zähmen will, braucht Klugheit, Fantasie und ein sicheres Gespür. Man kann sich dem wilden Tier nur behutsam nähern, muß sich in sein Wesen einfühlen. Es darf vor allem nicht erschreckt werden. Man muß dem Löwen aber auch seine Entschlossenheit, seinen Mut und seine Furchtlosigkeit zeigen. Man muß ihn mit der Kraft der Liebe bezwingen; erst dann erträgt der Löwe die Gegenwart des Menschen und gewöhnt sich an ihn. Da der Löwe die menschliche Triebkraft symbolisiert, ist das Bild ein Ausdruck dafür, wie man sie bezähmt. Wer die Triebe mit Gewalt bekämpft, unterdrückt seine Lebenskraft. Wer seine Triebe liebevoll annimmt, macht sie sich zum Freund.

Management Sie befinden sich in einer Phase, in der Wachsamkeit das wichtigste Gebot ist. Beobachten Sie sich selbst, Ihre

Wünsche und Begierden. Beobachten Sie aber auch die anderen Menschen, die mit Ihnen arbeiten. Wenn Sie im Management tätig sind, ist dies besonders wichtig. Vor einer Verhandlung sollten Sie Ihre Verhandlungspartner kennenlernen und sie respektieren. Es darf nicht Ihr Ziel sein, andere selbstgefällig zu überrennen. Es ist jetzt nicht die Zeit für schnelles Handeln.

Finanzen und Investitionen Beobachten Sie das Geldgeschäft im Großen wie im Kleinen. Versuchen Sie ein Gefühl für die Bewegungen am Geldmarkt zu bekommen. Werden Sie ein Teil dieser Bewegungen. Treffen Sie dann Ihre Entscheidungen.

Bewerbungen und Gesuche Sie werden mit großer Wahrscheinlichkeit einem Menschen gegenübertreten, der gefährlich für Sie sein könnte. Versuchen Sie dieser Gefahr nicht aus dem Wege zu gehen. Respektieren Sie ihn oder sie. Zeigen Sie sich aber auch nicht ängstlich. Üben Sie sich in Geduld, versuchen Sie Ihr Gegenüber zu verstehen, und warten Sie auf einen günstigen Zeitpunkt, um Ihre Wünsche auszusprechen.

Kündigung Bevor Sie an Kündigung denken, ist es wichtig, Ihre eigenen Beweggründe genau zu kennen. Beobachten Sie sich. Klären Sie jede Kleinigkeit. Warten Sie mit Ihrer Entscheidung auf jeden Fall ab.

Verträge und Vereinbarungen Nur mit Geduld kommen Sie ans Ziel. Drängen Sie nicht auf einen Vertragsabschluß, versuchen Sie vor allem nichts zu erzwingen. Die Zeit, die jetzt verstreicht, ist nicht vertan.

Risiken Wer die Kraft des Löwen gewinnen will, darf nicht mit einem schnellen Erfolg rechnen. Das wichtigste ist Geduld.

Die anderen Die anderen gilt es zu beobachten und zu verstehen.

Außerberufliche Faktoren Die Karte verweist Sie auf Ihre Wünsche und Leidenschaften, die nicht nur im Beruf, sondern auch im Privatbereich eine wesentliche Rolle spielen.

Der Eremit

KARTE IX

Rückzug

IX Der Eremit

Aussage Einsamkeit. Stille. Selbstgenügsamkeit. Niemanden benötigen, um sich zu verwirklichen. Die Antwort in sich selbst finden. Sich eine Weile von den Menschen und dem Lärm der Welt zurückziehen.

Bild Ein älterer Mann steht auf der Spitze eines Berges. Er hält eine Lampe in der Hand, mit der er die Nacht erleuchtet. In der linken Hand hält er einen Wanderstab.

Deutung Der Mensch geht in die Einsamkeit, um sich selbst zu finden, er sucht die Wahrheit, eine Entscheidung, das Licht, das ihm seinen Weg zeigt. Immer schon gingen suchende Menschen ganz bewußt diesen Weg: Buddha, Jesus, alle Eingeweihten und Yogis der Zeit. Es ist auch bekannt, daß viele Politiker und Unternehmer vor großen Entscheidungen die Einsamkeit aufsuchen. Der Eremit will mit sich alleine sein, er will keinen anderen Menschen, der ihn führt, und keine Bücher, die ihm einen Rat geben. Doch es genügt ihm nicht, sich nur nach innen zurückzuziehen und dabei unter den Menschen zu bleiben. Schon allein die Nähe zu anderen lenkt ihn ab. Der Eremit sucht die Ferne, abseits von den Menschen, er will nur sich. In diesem Raum lauscht er einer inneren Stimme, die ihm den Weg weist, ihm Kraft gibt und ihn führt.

Management Die Entscheidung liegt bei Ihnen. Sie müssen allein die Verantwortung tragen. Bevor Sie eine so wichtige Entscheidung treffen, ist es ratsam, sich zurückzuziehen. Hören Sie auf keine fremden Ratgeber. Fragen Sie niemanden. Hören Sie nur auf Ihre innere Stimme, auf Ihr Gewissen. Es ist wichtig, daß Sie jetzt alleine sind und niemand Sie ablenkt und stört.

Finanzen und Investitionen Ihre finanzielle Entwicklung hat einen Punkt erreicht, an dem Nachdenken wichtig ist. Womöglich sind Sie sich selbst nicht sicher, wie es mit der wirtschaftlichen Seite (Ihres Unternehmens) weitergehen soll. Ziehen Sie sich zurück, und treffen Sie dann eine Entscheidung.

Bewerbungen und Gesuche Wenn Sie ein berufliches Vorstellungsgespräch vor sich haben, sollten Sie mit sich zu Rate gehen und alle Für und Wider abwägen.

Kündigung Bevor Sie eine Kündigung aussprechen, ist es wichtig, daß Sie Zeit verstreichen lassen, sich zurückziehen und Ihre Gefühle und sämtliche Beweggründe analysieren.

Verträge und Vereinbarungen Es gibt Dinge in Ihrem Leben, die sich verselbständigt haben, die einfach ablaufen ohne inneren Bezug zu Ihnen selbst. Es ist daher wichtig, daß Sie sich zurückziehen, sich konzentrieren und Ihr Leben überdenken. Treffen Sie jetzt keine Entscheidungen und Vereinbarungen.

Risiken Wenn Sie nur auf sich selbst gestellt sind, begegnen Sie der Angst, sich anderen gegenüber abzugrenzen. Dieser Gefahr ins Auge zu sehen und sie als Angst vor Liebesverlust zu erkennen, ist die große Aufgabe des Eremiten.

Die anderen Die anderen spielen im Moment keinerlei Bedeutung.

Außerberufliche Faktoren Es ist möglich, daß die Karte Sie auffordert, sich eine Zeitlang aus dem Berufsleben zurückzuziehen.

Das Glücksrad

KARTE X

Glück

X Das Glücksrad

Aussage Das Glücksrad. Das Lebensrad. Schicksal. Karma. Nichts ist wirklich neu. Das Auf und Ab des Lebens. Sie sind in einer Glücksphase. Das Glück trägt Sie. Feiern Sie den Augenblick. Setzen Sie alles auf eine Karte.

Bild Das Rad des Schicksals dreht sich über einem Abgrund. Es wird von einer göttlichen Hand geführt. Oben auf dem Rad sitzen zwei glückliche Menschen, durch ihre Kronen auf dem Haupt als auserwählte Menschen gekennzeichnet. Unten an das Rad klammert sich ein Bettler, er hat Angst herunterzufallen.

Deutung Jeder sucht das Glück. Letztlich ist es diese Suche, die die Menschen im Leben vorwärts treibt. Manche jagen sogar nach dem Glück. Sie sind immer dort, wo sie glauben, daß es seinen Anfang nimmt: auf Festen, im Casino, an der Börse. Wie Wellenreiter versuchen sie auf der höchsten Woge des Glücks mitzuschwimmen. Doch das Glück ist ein Rad, das sich dreht. Der weise Mensch nimmt daher die Phasen des Glücks, wie sie kommen, freut sich, feiert die Feste, genießt das Leben. Genauso ist er in der Lage, die andere Seite zu akzeptieren, und weiß, daß kein Unglück ewig währt.

Management Sie haben eine Glücksphase, setzen Sie daher alles auf eine Karte. Vergrößern Sie Ihr Unternehmen, verschaffen Sie sich mehr Ansehen, werben Sie für sich, übertreiben Sie, nützen Sie die Gunst der Stunde. Ein weiser Mann sagt: »Das Schönste am Glück ist, daß es nicht ewig währt ...!«

Finanzen und Investitionen Sie können Ihr Geld in die tollkühnsten Projekte stecken, und Sie werden Erfolg haben. Denken Sie aber auch daran, den Geldmarkt genau zu verfolgen, um rechtzeitig umdisponieren zu können. Vergessen Sie nicht: Das Glück ist ein Rad, das sich auf und ab dreht ...

Bewerbungen und Gesuche Sie sind in einer starken Phase. Wo immer Sie auftreten, werden Sie vom Glück getragen. Vereinbaren Sie Vorstellungsgespräche bei verschiedenen Unternehmen. Melden Sie sich im Personalbüro an, und verlangen Sie mehr Geld und Verantwortung.

Kündigung Auch Kündigungen stehen unter einem günstigen Stern. Die Karte stärkt Ihnen auch für eine riskante Kündigung den Rücken.

Verträge und Vereinbarungen Sie können Ihre Unterschrift bedenkenlos auf jedes Papier und unter jedes Schriftstück setzen. Sie können auch selbst Verträge entwerfen und aushandeln. Alle Abmachungen stehen unter einem glücklichen Stern.

Risiken Das Glücksrad verweist gelegentlich auf einen ängstlichen Bezug zum Glück. Dies gilt besonders, wenn die Karte verkehrt, das heißt auf dem Kopf stehend, aufgedeckt wird.

Die anderen Entweder die anderen sind auf Ihrer Seite und unterstützen Sie, oder es wird Ihnen ein leichtes sein, sie mitzureißen und zu überzeugen.

Außerberufliche Faktoren Das Glücksrad bedeutet ganz generell, also auch im Privatbereich, Glück und günstigste Umstände.

Die Gerechtigkeit

KARTE XI

Gewissen

XI Die Gerechtigkeit

Aussage Gerechtigkeit. Recht. Objektivität. Neutralität. Gewissen, die innere Stimme. Das, was ist, ist.

Bild Eine Frau sitzt zwischen zwei Säulen. In der rechten Hand hält sie das Schwert der Gerechtigkeit. Es signalisiert, daß die Frau auch bereit ist, zu kämpfen. In der linken Hand hält sie die Waage, deren Schalen ausgeglichen sind. Die Augen der Frau sind verbunden. Es bedeutet, daß sie sich nicht beeinflussen läßt von Aussehen, Größe, Reichtum oder Erfolg.

Deutung Die Gerechtigkeit wird von einer Frau dargestellt. Sie trägt ein Schwert. Es bedeutet, daß die Gerechtigkeit nicht nur gütig, sondern auch klar und entschieden ist. Die Gerechtigkeit hat die Ziffer XI. Damit stehen links und rechts von ihr genau gleich viele Karten (I bis X und XI bis XXI), da der Narr mit der Ziffer 0 numerisch nicht zählt. Die Gerechtigkeit hat ihren Platz in der Mitte und sieht über das ganze Lebensspiel hinweg. Sie ist neutral. Im Licht der Gerechtigkeit trifft man Entscheidungen nicht aus der Laune des Augenblicks heraus, sondern ist neutral, prüft, wägt ab und fällt erst dann sein Urteil.

Management Sie befinden sich in einer Situation, in der Sie eine objektive, neutrale Position einnehmen müssen. Wehren Sie sich gegen Einseitigkeit. Hören Sie auf die feine Stimme Ihres Gewissens. Wenn Sie ungerecht, emotional und subjektiv handeln – so gut es auch gemeint sein mag –, wendet sich das Schicksal gegen Sie. Denn Gerechtigkeit und Schuld stehen in einer engen Verbindung.

Finanzen und Investitionen Wenn Sie auf Außenstände harren, so ist jetzt der richtige Zeitpunkt, sie einzufordern. Wenn Sie selbst jemandem etwas schulden, sollten Sie es jetzt zurückgeben. Lassen Sie sich bei allen wirtschaftlichen Erwägungen vom Grundsatz absoluter Gerechtigkeit und Neutralität leiten. Wenn Sie jetzt versuchen, jemanden zu übervorteilen, werden Sie selbst das Nachsehen haben.

Bewerbungen und Gesuche Sie können bei Ihrer Bewerbung mit einer objektiven und neutralen Situation rechnen. Man wird Sie nach bestem Wissen und Gewissen beurteilen. Die Gerechtigkeit ist auf Ihrer Seite.

Kündigung Wenn Sie kündigen und dabei im Unrecht sind, wird Ihnen auch weiterhin Unrecht geschehen. Wenn Sie aber kündigen, weil Ihnen objektives Unrecht geschehen ist, ist die Gerechtigkeit auf Ihrer Seite.

Verträge und Vereinbarungen Dies ist die beste Karte für Verträge und Vereinbarungen. Jede Unterschrift, jede Abmachung, jedes Versprechen, jedes Wort steht unter dem Schutze der Gerechtigkeit.

Risiken Unheil erwächst aus Verträgen oder Geschäften, die nicht von Gerechtigkeit getragen sind. Wo Makel ist, kommt Unheil. Dies gilt besonders, wenn die Karte verkehrt, das heißt auf dem Kopf stehend, aufgedeckt wird.

Die anderen Erlauben Sie sich kein voreiliges Urteil über die anderen. Seien Sie distanziert und objektiv.

Außerberufliche Faktoren Die Gerechtigkeit verweist ganz allgemein, also auch im Privatbereich und bei Partnerfragen, auf die Stimme des Gewissens.

Der Hängende

KARTE XII

Demut

XII Der Hängende

Aussage Prüfung. Demut. Gehorsam. Hingabe. Festgefahren sein. Stagnation. Eine ausweglose Situation. Alle weiteren Anstrengungen sind sinnlos. Die umgekehrten Möglichkeiten einer Lage entdecken.

Bild Ein Mann hängt an einem Bein von einer Art Galgen. Seine Haltung ist eigenartig: Trotz der mißlichen Lage scheint er sich wohl zu fühlen und hat ein Bein über das andere geschlagen. Die Arme sind auf dem Rücken verschränkt. Der abnehmende Mond nimmt einen großen Teil des Bildes ein.

Deutung Im Licht der Karte des Hängenden erfährt sich der Mensch in einem Zustand äußerster Hilflosigkeit. Er hat alles versucht, sich zu befreien, seine Lage zu verändern, sein angestrebtes Ziel zu erreichen, seinen Willen zu erfüllen – jetzt erkennt er die Ausweglosigkeit. Er muß sich ergeben. In seiner Hingabe an die unumstößliche Situation geschieht eine wundervolle Verwandlung. Er sieht seine Lage aus einer neuen Perspektive, in der sich alles umdreht – die Welt steht auf dem Kopf. Was bisher unten war, ist oben, und was niedrig war, wird hoch. Aus Verzweiflung wächst Freude, und die Energie, die aufgebracht wurde, um sich zu befreien, kehrt sich um, erhöht den Menschen, schenkt ihm Kraft.

Management Betrachten Sie Ihre Lage einmal aus einer anderen Perspektive. Drehen Sie alle Gegebenheiten um. Nehmen Sie selbst einmal die Position der anderen, zum Beispiel Ihrer Mitarbeiter, ein. Sie sind an einen Punkt gekommen, wo Sie mit den gängigen Mitteln nicht weiterkommen. Unternehmen Sie keine weiteren Anstrengungen mehr. Der Weise sagt: »Kopfunter sieht die Welt ganz anders aus!« Ergeben Sie sich in Demut.

Finanzen und Investitionen Es ist eine ausgesprochen ungünstige Zeit für Geldgeschäfte. Warten Sie ab und nehmen Sie Ihre wirtschaftliche Situation hin, so wie sie nun einmal ist. Wenn Sie jetzt aktiv werden, machen Sie alles nur noch schlimmer.

Bewerbungen und Gesuche Unterlassen Sie alle Anstrengungen. Es ist jetzt keine günstige Zeit, um Ihre berufliche Situation zu verbessern. Im Personalbüro stoßen Sie nur auf taube Ohren. Wenn Sie Bewerbungsschreiben verfassen, liest sie niemand. Warten Sie ab. Entdecken Sie die positiven Seiten Ihrer momentanen Situation.

Kündigung Unterlassen Sie jede Kündigung. Sie schaden sich mehr als Sie gewinnen.

Verträge und Vereinbarungen Rechnen Sie damit, daß Abmachungen, die Sie treffen, zu Ihren Ungunsten ausgehen. Es ist aber auch möglich, daß eine zunächst ungünstige Angelegenheit doch noch eine günstige Wende nimmt.

Risiken Nachgiebigkeit und Hingabe wecken die Angst vor Schwäche. Besonders, wenn die Karte verkehrt, das heißt auf dem Kopf stehend aufgedeckt wird, erinnert sie den Tarotspieler gelegentlich an diese Angst.

Die anderen Vielleicht glauben Sie, daß die anderen Sie als schwach beurteilen. Vielleicht kursiert sogar diese Meinung über Sie. Aber das alles ist nicht wichtig und lenkt Sie nur davon ab, zum Punkt zu kommen: Es geht nichts mehr!

Außerberufliche Faktoren Ganz allgemein spiegelt der Hängende eine Phase der Stagnation. Oft bezieht sich dies auch auf die Partnerschaft und Liebe.

Der Tod

KARTE XIII

Wandlung

XIII Der Tod

Aussage Der Tod. Wandlung. Das Absolute und Unabänderliche. Verlust und Hoffnungslosigkeit. Auflösung und Verwandlung. Eine Erinnerung, daß nichts von Dauer ist.

Bild Der Tod als Knochenmann erscheint mit einer Sichel. Vor ihm liegen Totenschädel.

Deutung Der Tod verunsichert den Menschen. Nichts ist vor ihm sicher, er ist unberechenbar, niemand kennt seine Stunde. In seiner Angst vergißt der Mensch, daß das Leben ständig vom Tod begleitet wird, daß sich Leben nur erfüllt, wenn Sterben geschieht. Alles Lebendige ist in ständigem Wandel, und jede Verwandlung bedeutet den Tod einer alten Gestalt. Das Neue ist nur möglich, wenn das Alte vergeht. Der Tod ist der ewige Begleiter des Lebens, und die Einstellung zum Leben ist nur ein Spiegelbild der Einstellung dem Tod gegenüber.

Management Die Karte des Todes bedeutet eine schwierige und mitunter existentielle Situation. Möglicherweise ist Ihr Verweilen im Management beendet. Vielleicht erfährt Ihre berufliche Situation einen ›Tod‹ – und damit einen neuen Anfang. Möglich ist aber auch, daß der Tod als Warnung erscheint, einen bisher eingeschlagenen Weg zu verlassen. Richtig ist, sich auf Veränderungen einzustellen. Falsch ist, gegen Veränderungen anzukämpfen.

Finanzen und Investitionen Sie haben sich verrechnet, falsch spekuliert. Sie müssen einen Verlust in Kauf nehmen. Je eher Sie bereit sind, auf- und abzugeben, desto eher können Sie neu beginnen. Manchmal erscheint die Karte des Todes aber auch als Warnung: daß Sie Ihre Geldgeschäfte zu leichtfertig und oberflächlich wahrnehmen.

Bewerbungen und Gesuche Im Licht der Karte des Todes sind Bewerbungen, neue Arbeitsbereiche und Anfragen beim Personalbüro von vornherein zum ›Sterben‹ verurteilt.

Kündigung Die Karte des Todes steht oft direkt für eine Kündigung beziehungsweise für das Ende eines Arbeitsverhältnisses. Sollten Sie ohnehin über eine Kündigung nachgedacht haben, bedeutet diese Karte den Schlußstrich. Wichtig ist, daß man sich beim Auftauchen dieser Karte mit der Angst vor Verlust, Abschied und Unsicherheit auseinandersetzt.

Verträge und Vereinbarungen Im Licht der Karte des Todes sind Abmachungen null und nichtig.

Risiken Die Karte des Todes signalisiert Alarmstufe eins. Es droht Gefahr, der man nichts entgegensetzen kann. Der einzige Weg liegt im Sichergeben. Das bedeutet nicht, daß man nicht auch entsprechende Kräfte aufwenden muß, um (bei sich) ein schädigendes Verhalten zu unterlassen.

Die anderen Die Karte birgt manchmal auch einen Hinweis auf eine Trennung von einer geliebten Person.

Außerberufliche Faktoren In den seltensten Fällen verweist der Tod auf eine reale körperliche Bedrohung. Er ist daher auch nicht signifikant für eine ernste Erkrankung. Der Tod im Tarot signalisiert eine Transformation. Es geht auf einer anderen Ebene weiter.

Das Rechte Maß

KARTE XIV

Stimmigkeit

XIV Das Rechte Maß

Aussage Das Rechte Maß. Harmonie und Ausgewogenheit. Das Gefühl der Mitte. Bewußte Lebensgestaltung. Stimmigkeit.

Bild Ein Engel steht mit einem Fuß auf der Erde und mit dem anderen im Wasser. In seinen Händen hält er einen Kelch und gießt eine Flüssigkeit von einem Kelch in den anderen. Auf seiner Brust befindet sich ein Auge als Zeichen der Mitte und der inneren Wachsamkeit.

Deutung Die Karte des Rechten Maßes verweist auf die innere Mitte, auf innere Gewißheit und Stimmigkeit. Sie besagt, daß alle Teile der Existenz im rechten Maß aufeinander bezogen sind. Die Engelsgestalt steht mit einem Fuß im Wasser, mit dem anderen auf der Erde, und sie besitzt Flügel. Somit ist sie offen und fest, verliert sich weder im Schwung ihrer Taten noch in der Tiefe ihres Gefühls. Sie vollzieht ihr Leben in harmonischem Wechsel. Sie ist wie das Wasser, das in den Kelchen immer wieder seine Form findet, sich sammelt und sich verströmt, in Ruhe ist und in Bewegung, die eine Seite füllt und die andere. Im Licht der Karte des Rechten Maßes gestaltet der Mensch sein Leben aus dem Gefühl der Mitte heraus, er wird zum Lebenskünstler, zum Jongleur seines Lebens.

Management Achten Sie bei allem, was Sie tun, darauf, Ihre Mitte nicht zu verlieren. Berücksichtigen Sie bei Ihren Entscheidungen so viele Gesichtspunkte wie möglich. Lassen Sie sich Zeit. Betrachten Sie Ihr Vorhaben von verschiedenen Seiten und aus unterschiedlichen Perspektiven. Wägen Sie ab. Es ist jetzt nicht der Zeitpunkt für große Aktivitäten. Genauso ungünstig ist es, sich mit anderen messen zu wollen. Friede und Harmonie versprechen Gelingen.

Finanzen und Investitionen Achten Sie auf Ihre Finanzen. Suchen Sie nach dem Gefühl der Stimmigkeit. Prüfen Sie eigenhändig nach, ob Ihre Mitarbeiter keine Fehler machen. Achten Sie auch auf mögliche Unstimmigkeiten und Unterschlagungen. Insbesondere, wenn die Karte verkehrt, das heißt auf dem Kopf stehend, aufgedeckt wird, kann dies auch ein Hinweis auf betriebliche Schlampereien sein.

Bewerbungen und Gesuche Abwarten bringt Heil. Wägen Sie alle Entscheidungen nochmals ab, suchen Sie innere Gewißheit. Die Zeit, aktiv zu werden, ist noch nicht gekommen.

Kündigung Das gleiche gilt für Kündigung. Ziehen Sie jetzt keinen Schlußstrich. Die Zeit ist noch nicht reif für eine so wichtige Entscheidung.

Verträge und Vereinbarungen Alles ist im Gleichgewicht. Sie können davon ausgehen, daß Sie und alle beteiligten Partner recht bekommen.

Risiken Manchmal, und nur wenn die Karte verkehrt, das heißt auf dem Kopf stehend, aufgedeckt wird, verweist sie auf Stagnation. Das Prinzip der Mitte hat sich verselbständigt. Man wagt nicht, aus sich herauszugehen, man bleibt in sich selber hängen.

Die anderen Auch zu anderen Menschen, Kollegen und Vorgesetzten können stimmige oder disharmonische Beziehungen bestehen.

Außerberufliche Faktoren Sie können Ihre berufliche Tätigkeit nicht losgelöst von Ihrem Privatleben betrachten. Wenn Ihr Privatleben nicht stimmig ist, bringen auch Ihre beruflichen Erfolge letztendlich kein Glück und keinen echten Erfolg.

Der Teufel

KARTE XV

Gewalt

XV Der Teufel

Aussage Egoismus. Verblendung. Hörigkeit. Besessenheit. Gewalt. Eifersucht. Neid. Abhängigkeit. Extremismus.

Bild Die untere Hälfte des Bildes füllen zwei Hände, die mit einer Kette aneinandergebunden sind. Oben ist das Bild des Teufels mit zwei großen ausladenden Hörnern zu sehen. Auf seiner Stirn befindet sich ein Fünfstern mit der Spitze nach unten, das Symbol der Schwarzen Magie.

Deutung Der Teufel verkörpert den gefallenen und damit den auf sich gestellten Menschen, der sich ausschließlich aus sich heraus definiert, keinen höheren Willen, keine geistige Substanz, kein übergeordnetes Prinzip anerkennt. Er ist reine Natur, Triebhaftigkeit, Ego.

Management Sie sind getrieben. Sie sind von einer Idee besessen. Sie kommen nicht mehr los. Auf diese Weise ruinieren Sie sich, Ihre berufliche Situation und gegebenenfalls Ihr ganzes Unternehmen. Kommen Sie zur Ruhe. Finden Sie heraus, was hinter Ihrer Besessenheit steckt: Angst? Gier? Unsicherheit?

Finanzen und Investitionen Sie sind mit dem Teufel im Bunde und sind bereit, Ihre persönliche Integrität zu opfern, um reich und angesehen zu werden. Werden Sie dem Teufel auch Ihre Seele verkaufen?

Bewerbungen und Gesuche Ihre Ansprüche sind maßlos. So werden Sie nur zum Sklaven Ihrer Wünsche.

Kündigung Sie können den Teufel nicht mit dem Beelzebub austreiben. Wenn Sie sich jetzt von einer Abhängigkeit befreien, fallen Sie in eine neue, noch schlimmere. Es ist besser zu warten.

Verträge und Vereinbarungen Verträge, die Sie schließen, werden Sie binden und knüppeln. Auch wenn es so aussieht, als wären Sie eindeutig im Vorteil, ist ein Vertrag im Moment ungünstig. Warten Sie ab.

Risiken Im Licht des Teufels erscheint manchmal alles positiv, wendet sich aber später zum Negativen. Verzicht allein verspricht Gelingen. Unternehmen Sie nichts. Beobachten Sie das Geschehen, und vor allem: Erkennen Sie Ihr eigenes Ego.

Die anderen Sie sind möglicherweise mit einem Menschen in schicksalhafter Weise verbunden. Dabei spielt es keine Rolle, ob Sie sich über- oder unterlegen fühlen. Solche Bindungen sind schädlich und müssen zuerst erkannt und gelöst werden.

Außerberufliche Faktoren Die Karte des Teufels erscheint oft für leidvolle Beziehungen, in der die Partner in einer schwierigen Schicksalsgemeinschaft verstrickt sind.

Die Zerstörung

KARTE XVI

Hochmut

XVI Die Zerstörung

Aussage Enttäuschung. Verlust. Niederlage. Ruin. Bankrott. Hochmut und Fall.

Bild In der Dunkelheit der Nacht schießen zwei Blitze in einen Turm und bringen ihn zum Bersten. Zwei Menschen, ein Mann und eine Frau, fallen wie dunkle Schatten vom Turm auf Felsen hinunter.

Deutung Die Karte der Zerstörung erinnert den Menschen an ein Schicksal, dem er nicht entkommen kann. Diese Macht wirft ihn hinaus aus einem Gefühl der Erhabenheit und Sicherheit. Die Zerstörung hat viele Gesichter: Kritik, Verlust, Trennung, Niederlage, Enttäuschung, Mißerfolg, Ruin, Ohnmacht, Krankheit, Tod. In einem derartigen Zustand sucht der Mensch nach einem Ausweg, erfindet tröstende Erklärungen und verstrickt sich doch nur immer tiefer in sein Schicksal. Der einzige Ausweg liegt im Sichergeben. Erst wenn man losläßt, sich wirklich fallen läßt, die Furcht erlebt, beginnt man, den Sinn der Zerstörung zu ahnen: Es ist die Vertreibung aus dem selbst erschaffenen Paradies. Der Turm trägt die Namen Ego und Macht.

Management Sie sind zu weit gegangen. Was Ihnen jetzt zustößt, ist kein hartes Schicksal, sondern die Konsequenz Ihrer Überheblichkeit. Jetzt werden Ihre berufliche Position, Ihre Führungskompetenz in Frage gestellt. Oft beinhaltet die Karte auch nur eine Warnung, einen Appell, in der gegenwärtigen Manier nicht weiterzumachen, sondern mehr Offenheit, Kollegialität und Einsicht walten zu lassen.

Finanzen und Investitionen Stehen Sie vor dem Ruin? Haben Sie alle Ihre Ressourcen erschöpft? Haben Sie auf Sand gebaut? Sperrt die Bank Ihre Wechsel? Im Extremfall kann die Karte der Zerstörung eine derartige Situation bedeuten. In der Regel allerdings ist sie eher eine Warnung. Sie will Sie aufmerksam machen, wachrütteln, damit Sie Ihr materialistisches Denken hinterfragen.

Bewerbungen und Gesuche Rechnen Sie bei Ihrer Bewerbung mit einer Absage. Genauso ungünstig sind Gesuche im Personalbüro um mehr Geld oder eine Beförderung. Klug ist es, im Moment nichts zu unternehmen. Wenn Sie Gründe für die ungünstigen Bedingungen suchen, dann forschen Sie in der Vergangenheit. Sie sind zu selbstgefällig. Sie haben sich von Ihrer Mitte entfernt. Ihr Handeln und Denken wird nicht von Einsicht, sondern von der Gier nach Mehr geleitet.

Kündigung Die Karte der Zerstörung nimmt häufig eine anstehende Kündigung vorweg. Daher ist es wichtig, sein eigenes Verhalten zu überprüfen und sich damit selbstkritisch auseinanderzusetzen.

Verträge und Vereinbarungen In dem Licht der Karte der Zerstörung sind Verträge und Vereinbarungen ein Schuß in den Ofen.

Risiken Wer sich in der Welt des Berufes und der Wirtschaft behaupten will, glaubt, jedes Mittel sei recht, um zur Spitze zu gelangen. Die Karte der Zerstörung zeigt ein anderes Gesetz: Wer mit allen Mitteln zur Spitze drängt, stürzt ab. Oder: Hochmut kommt vor dem Fall.

Die anderen Im Lichte der Zerstörung erscheinen die anderen Menschen als nebensächlich und gering. Der Blitz der Erleuchtung erniedrigt und stellt somit wieder gleiche Verhältnisse her.

Außerberufliche Faktoren Die Zerstörung signalisiert manchmal auch eine körperliche Streßsituation. Man wird vor dem Ausbruch einer Erkrankung gewarnt.

Die Sterne

KARTE XVII

Überfluß

XVII Die Sterne

Aussage Erfüllung. Überfluß. Glück. Ekstase. Feier. Fest. Fröhlichkeit. Göttlichkeit.

Bild Eine nackte Frau kniet auf der Erde – über ihr der leuchtende Sternenhimmel. In ihren Händen hält sie zwei Krüge, aus denen sie Wasser in einen Teich und auf die Erde fließen läßt.

Deutung Die Sternenfrau ist ein Sinnbild für die höchste Hingabe des Menschen. Er erfährt sie als Wonne beim Liebesakt. Er erlebt sie als Stille in tiefer Meditation. Er empfindet sie, wenn er in einer klaren Sternennacht die Ewigkeit ahnt. Es ist ein Gefühl eminenten Reichtums. Die Sternenfrau symbolisiert dieses Gefühl. Sie verströmt sich, sie gibt. Das Wasser des einen Kruges entleert sich in den See. Wasser verbindet sich mit Wasser, wird zum See.

»Was geschieht, wenn ein Tropfen ins Meer fällt?« fragte der Schüler den Meister. Dieser antwortete: »Er wird das Meer.« Genauso ist es mit der menschlichen Seele, wenn sie bewußt geworden ist: Sie ist in allem anderen; sie *ist* alles andere ...

Der Inhalt des zweiten Kruges fließt auf die Erde, macht sie fruchtbar und erfüllt somit eine irdische Bestimmung.

Management Sie sind auf dem Gipfel Ihres Erfolges. Wie ein leuchtender Stern sind Sie anderen ein Wegweiser. Sie haben erreicht, wovon Sie immer träumten, und Sie haben sich auf Ihrem Weg nicht von Ihrer Bestimmung entfernt. Sie sind sich treu geblieben.

Finanzen und Investitionen Jetzt ist der richtige Zeitpunkt, um Ihren Reichtum zu genießen, Ihr Geld auszugeben und mit Freunden Ihren Reichtum zu teilen. Denn Geld, das nicht ausgegeben wird, verliert seinen Zauber. Ihre Geschenke und Ihre Großzügigkeit werden Ihnen in vielfacher Weise zurückgegeben. Aber lassen Sie sich bei Ihrer Freizügigkeit nicht von diesen Gedanken leiten. Lassen Sie sich vom Engel des rechten Maßes inspirieren, leben Sie Ihr Glück.

Bewerbungen und Gesuche Sie stehen unter einem besonderen Stern und können jeden Menschen von Ihrer Besonderheit überzeugen. Jedes Vorstellungsgespräch, jedes Bewerbungsschreiben, jede Anfrage im Personalbüro wird offene Ohren finden. Mut! Ihre Vorhaben werden gelingen. Seien Sie in der Beschreibung Ihrer Qualitäten nicht kleinlich oder bescheiden. Streichen Sie sich einmal selbst ganz groß heraus.

Kündigung Sie können überall hingehen, und Sie werden überall mit offenen Armen empfangen. Aber Sie können auch bleiben, wo Sie jetzt gerade sind. Glück ist Ihnen überall beschieden, denn es kommt aus Ihnen selbst.

Verträge und Vereinbarungen Heil und Gelingen steht über all Ihrem Tun.

Risiken Gelegentlich und besonders, wenn die Karte verkehrt, das heißt auf dem Kopf stehend, aufgedeckt wird, wird man ermahnt, sich auf den Boden der Tatsachen zu begeben.

Die anderen Im Lichte der Karte Sterne werden die anderen unwichtig.

Außerberufliche Faktoren Die Karte verkündet auch spirituelles Glück.

Der Mond

Karte XVIII

Schein

XVIII Der Mond

Aussage Intuition. Gefühl. Schein. Anziehung. Verführung. Einbildung. Blendung. Abhängigkeit.

Bild Am nächtlichen Himmel leuchtet der Mond zwischen zwei Türmen. Von einem See führt zu diesen beiden Türmen ein Weg. Aus dem See erhebt sich ein Krebs, der sich anschickt, auf dem Weg zum Mond zu gelangen. Außerdem bellt ein Hund den Mond an.

Deutung Der Mond symbolisiert Schein und Täuschung, Anziehung und Magie, Rhythmus und Vergänglichkeit. »So liegt der Fehler an dem Mond«, sagt Shakespeares Othello, »er kommt der Erde näher und macht die Menschen toll.« Letzten Endes steht der Mond für unser irdisches Leben mit all seiner Schönheit und genauso seiner Abscheulichkeit. Wie Krebs und Hund sind wir fasziniert oder voller Angst; und in Wirklichkeit ist alles ein Schein, Maya, Illusion … Die Wahrheit, die wirkliche Wirklichkeit, bleibt immer verborgen.

Management Wenn Sie sich schon abplagen müssen mit dieser irdischen Aufgabe, mit dieser Mühe und Schufterei einer Position im Management, dann vergessen Sie wenigstens das Lächeln nicht. Genießen Sie, was Sie glauben tun zu müssen. Rationalisieren Sie Ihre Firma, investieren Sie in die moderne Technik, kaufen Sie sich ein neues Outfit, lernen Sie, wie man Menschen führt, richtig wirbt, managt, das Output erhöht … Aber vergessen Sie nie: Es ist alles ein grandioses Theater, ein wunderhübscher Schein.

Finanzen und Investitionen Der Geldfluß folgt wie alles Materielle dem Mond, er nimmt zu und ab. Wundern Sie sich also nicht. Sie können dieser natürlichen Bewegung nicht entgegenwirken. Das einzige, was Ihnen vielleicht gelingt, ist, den Geldfluß zu studieren, um zum richtigen Zeitpunkt abzugeben und zum richtigen Zeitpunkt zu kaufen. Aber auch dann bleibt die letzte Wahrheit: Je mehr Sie haben, desto mehr werden Sie immer wieder verlieren.

Bewerbungen und Gesuche Nehmen Sie nicht alles so ernst. Vielleicht fehlt Ihnen gerade nur ein bißchen mehr Leichtigkeit, damit Sie die Stelle bekommen, auf die Sie so sehr hoffen. Jedenfalls erreichen Sie gar nichts, wenn Sie glauben, daß Ihr Leben, Ihre Existenz, an diesem Job hängt.

Kündigung Sind Sie sicher, daß Sie nicht nur den Mond verbellen? Eine Kündigung im Licht der Karte des Mondes kann ein Riesenreinfall sein. Aber: Es kann auch gerade jetzt genau der richtige Zeitpunkt sein! Schein oder nicht Schein – das ist die Frage …

Verträge und Vereinbarungen Im Licht des Mondes gelten alle Abmachungen so lange, wie der Mond scheint. Mit anderen Worten: Morgen kann alles wieder ganz anders sein.

Risiken Die Karte spiegelt die Angst, Hirngespinsten zu erliegen. Und sie birgt den Wunsch nach Gnade, nicht nur seinen Instinkten zu verfallen und geblendet zu sein.

Die anderen Die anderen können Sie vor einer Täuschung bewahren. Mit den anderen können Sie aber auch einen noch größeren Reinfall erleben.

Außerberufliche Faktoren Vielleicht müssen Sie außerhalb Ihres Berufes mehr Ihren Gefühlen folgen, mehr feiern, lieben und lachen.

Die Sonne

KARTE XIX

Glanz

XIX Die Sonne

Aussage Freude. Geist. Wärme. Schöpferkraft. Wahrheit. Kindlichkeit. Kreativität. Spiel. Glanz.

Bild Ein nacktes Kind sitzt auf einem Pferd und hält ein Siegesbanner hoch. Es befindet sich in einer paradiesischen Landschaft mit Sonnenblumen. Über allem ragt die Sonne.

Deutung Im Unterschied zum Mond, der den Schein symbolisiert, steht die Sonne für das Sein, für Kraft, Zeugung, Energie, Geist. Der menschliche Geist ist ein Teil der Sonne, er leuchtet und er kreiert. Als Teil der Sonne sind der Mensch und alle anderen Geschöpfe Kinder, die kreativ und spielerisch das Leben genießen und in göttlicher Fügung ihrer Bestimmung folgen.

Management Betrachten Sie Ihre Karriere, Ihre Führungsposition, Ihre Verantwortung als göttliches Spiel. Seien Sie schöpferisch, übernehmen Sie Ihren Teil an der Schöpfung, der Ihnen durch Ihre Position in die Hände gelegt wurde. Über all Ihrem Tun steht Heil, Gelingen und der Glanz der Sonne.

Finanzen und Investitionen Betrachten Sie den Umgang mit Geld als ein schöpferisches Spiel, nicht verkrampft, sondern leicht, unschuldig und absichtslos. Über Ihren Geldgeschäften waltet ein gütiges Schicksal, sogar unerwartete (Spiel-)Gewinne sind möglich.

Bewerbungen und Gesuche Geben Sie sich natürlich, ungezwungen und optimistisch. Betonen Sie Ihre unkomplizierten Seiten. Seien Sie fröhlich und positiv. Ihre Ausstrahlung ist wichtiger als alle Ihre Erfahrungen oder Ihr ganzes Know-how.

Kündigung Im Licht der Sonne fällt Ihnen jeder Schritt leicht – also auch eine Kündigung. Aber die Karte deutet vielleicht auch an, daß Sie Ihrer momentanen Arbeit weniger verkrampft und spielerischer nachgehen sollten.

Verträge und Vereinbarungen Was unter der Sonne ans Licht kommt, hat Bestand. Allerdings dürfen Sie bei Ihrem Vertrag nicht Detail-Kramen oder Pfennig-Fuchsen. Seien Sie großzügig, und haben Sie Vertrauen.

Risiken Sich mehr gehenzulassen weckt die Angst, sich zu verlieren.

Die anderen Begegnen Sie Ihren Kollegen, Ihrem Chef, Ihren Mitarbeitern großzügig wie die Sonne.

Außerberufliche Faktoren Die Karte der Sonne ist oft ein Hinweis dafür, auszuspannen, auszuruhen, Urlaub zu machen.

Die Auferstehung

KARTE XX

Transformation

XX Die Auferstehung

Aussage Auferstehung. Bestimmung. Neubeginn. Wandlung. Halt. Die Vergangenheit ist vorüber. Beurteilt werden. Eine wichtige Aufgabe erhalten. Einen neuen Lebensabschnitt beginnen.

Bild Drei Gestalten erheben sich zum Ton göttlicher Posaunen. Das Auge symbolisiert die unsterbliche Kraft des Bewußtseins.

Deutung Die Karte der Auferstehung symbolisiert einen existentiellen Neubeginn. Die Vergangenheit ist vorüber, sie wird abgestreift wie eine alte Haut. Der Mensch erhebt sich in einer neuen Gestalt. Auferstehung bedeutet, daß das Leben schwingt, daß sich die Seele immer wieder transformiert. In dieser endlosen Transformation erfüllt sich auch die Gewißheit, daß die menschliche Seele, der Geist, das Bewußtsein, das höhere Selbst oder wie immer man es nennen will, unsterblich ist. Aufzuerstehen bedeutet auch, gemessen und beurteilt zu werden. Der Beitrag für ein größeres Ganzes, für einen Betrieb, für die Gesellschaft, die Geschichte der Menschheit, wird im Licht der Karte der Auferstehung beurteilt und richtig geordnet.

Management Ihr bisheriges Tun ist das Maß für Ihr zukünftiges Wirken, das Alte wird auf einer höheren Stufe fortgesetzt. Haben Sie Vertrauen.

Möglicherweise spricht die Karte aber auch zu Ihnen als zu einer Person, die über anderen zu Gericht sitzt. Dann ist es wichtig, daß Sie Ihre Aufgabe gewissenhaft ausführen. Das Schicksal anderer liegt jetzt in Ihrer Hand.

Finanzen und Investitionen Vielleicht stagniert Ihre finanzielle Situation im Moment. Vielleicht wissen Sie nicht genau, wie es weitergehen soll. Vielleicht machen Sie sich Sorgen. Im Licht der Auferstehung ist es wichtig, daß Sie der Existenz vertrauen. Im Moment werden die Karten neu gemischt. Aber Sie können sicher sein, daß nichts verlorengeht, was Sie bisher investiert haben. Im Gegenteil, Sie werden die Früchte Ihrer Arbeit bald ernten können.

Bewerbungen und Gesuche Die Karte Auferstehung bedeutet Heil und Gelingen für jeden Neubeginn, also auch für Vorstellungen, Bewerbungen und Anfragen im Personalbüro. Allerdings müssen Sie verstehen, daß jeder Neuanfang nur an dem Punkt ansetzen kann, wo Sie jetzt stehen. Ihre bisherigen Erfahrungen sind das Fundament, auf dem Sie aufbauen. Geben Sie in Ihrem Bewerbungsschreiben Ihre bisherigen Erfahrungen ausführlich wieder. Beurteilen Sie sich so objektiv wie möglich.

Kündigung Kündigungen stehen unter besten Voraussetzungen. Aber auch hier müssen Sie wissen, daß Sie bei Ihrer neuen Stelle genau dort weitermachen, wo Sie bei der letzten aufgehört haben.

Verträge und Vereinbarungen Abmachungen, die Sie im Licht der Karte Auferstehung treffen, führen zu einer Ausdehnung Ihres bisherigen Wirkungsbereiches.

Risiken Der Weg von einer Identität zur nächsten ist manchmal mit Ängsten verbunden.

Die anderen Es ist möglich, daß Sie sich vorübergehend von den anderen entfernen.

Außerberufliche Faktoren Die Karte der Auferstehung kennzeichnet immer einen umfassenden Vorgang, der auch außerberufliche Faktoren wie das Familien- und Partnerleben mit einschließt.

Die Welt

KARTE XXI

Freiheit

XXI Die Welt

Aussage Befreiung. Selbstverwirklichung. Unbegrenzte Möglichkeiten. Lösung von Abhängigkeit und Konditionierung.

Bild Eine nackte Frau, eingehüllt in ein Tuch, schwebt durch den Raum. In beiden Händen hält sie jeweils einen Stab. Die Figur ist umringt von einem Siegeskranz, der wiederum mit vier Symbolen versehen ist. Es sind der Kopf eines Stiers, eines Löwen, eines Adlers und eines Engels.

Deutung Das Ziel des Lebens ist Befreiung von Abhängigkeit. Je reifer der Mensch ist, um so freier kann er werden: von gesellschaftlicher Bevormundung, beruflichen Zwängen, von Ängsten und Wünschen. Am Ende des Lebens steht die größte Befreiung an: der Flug der Seele in den grenzenlosen Raum. Um im Leben freier zu werden, heißt es immer wieder alte Konditionen abzustreifen und die eigene Trägheit zu überwinden. Im Licht der Karte der Freiheit erfährt der Mensch diese Befreiung. Symbolisch gleitet er durch den Kosmos, umrahmt von einem Lorbeerkranz und umringt von den ewigen Kräften der Existenz. Der Stier bedeutet Erde und somit Materie. Der Löwe bedeutet Feuer und somit Geist und Erleuchtung. Der Adler ist der erlöste Skorpion und symbolisiert somit Transformation. Der Engel symbolisiert die Verbindung mit dem Himmel.

Management Mehr können Sie nicht erwarten. Sie haben unbegrenzte Möglichkeiten. Was immer Sie anpacken, über Ihrem

Tun stehen Heil und Gelingen. Seien Sie jetzt nicht kleinmütig. Verlangen Sie viel, und Sie werden viel bekommen. Geben Sie sich nicht mit Halbheiten und einem Kompromiß zufrieden. Greifen Sie nach den Sternen!

Finanzen und Investitionen Gehen Sie davon aus, daß Sie unbegrenzte Ressourcen besitzen. Oder handeln Sie so, als hätten Sie unbegrenzte Möglichkeiten und Mittel. Gehen Sie zu einer Bank oder einem Freund und leihen Sie sich Geld. Sie bekommen überall Kredit. Wenn Sie die Wahl haben, investieren Sie in Auslandsgeschäfte.

Bewerbungen und Gesuche Es ist jetzt nicht der richtige Zeitpunkt, sich zu binden, es sei denn, Sie sind sich hundertprozentig sicher, daß Sie mit dieser Abmachung deutlich mehr Freiheit haben als zuvor.

Kündigung Die Karte der Welt legt eine Kündigung regelrecht nahe. Manchmal deutet diese Karte sogar vorzeitig einen Wechsel an: Sie werden darauf hingewiesen, daß Sie Ihre Stelle verlieren. Sie können jedoch sicher sein, daß es Zeit war.

Verträge und Vereinbarungen Verträge sind überflüssig, Sie werden dadurch nur gebunden. Ein Vertrag hinterläßt jetzt die gleiche Wirkung, als würde man einem Vogel die Flügel stutzen.

Risiken Freiheit macht leichtsinnig, übermütig und bodenlos. Wenn Sie nach der Freiheit greifen, dürfen Sie nicht gleichzeitig Sicherheit und gemütliche Geborgenheit fordern.

Die anderen Suchen Sie Menschen, die Sie in Ihrer Freiheit unterstützen. Meiden Sie Menschen, die Sie binden und an die lange Leine nehmen. Letztendlich suchen Sie den Traum einer Gemeinschaft freier Menschen.

Außerberufliche Faktoren In manchen Fällen signalisiert die Karte der Welt einen Ausstieg aus dem Beruf.

Der Narr

KARTE 0

Unschuld

0 Der Narr

Aussage Der Narr. Humor. Unschuld und Reinheit. Ungebundenheit und Glück. Der lachende Buddha. Das große kosmische Gelächter. Es darf gelacht werden.

Bild Ein Mann steht völlig unbeschwert am Rande eines tiefen Abgrundes. In der einen Hand hält er einen Stab über seine Schulter. An dem Stab befindet sich ein kleines Säckchen. In der anderen Hand hält er eine weiße Rose. Hinter ihm springt ein Hund, mit dem der Narr trotz der gefährlichen Situation zu spielen scheint. Im Abgrund liegen die Knochen bereits abgestürzter Menschen.

Deutung Obwohl der Narr direkt am Abgrund steht und es so aussieht, als sei er schrecklich leichtsinnig, naiv, fahrlässig und töricht, ist er der glücklichste Mensch der Welt: weil er all seine Macht und Verantwortung abgelegt hat. Weil Glück ihm wichtiger ist als jede Position. Der Narr sieht den Abgrund nicht, und deswegen kann er auch nicht hinunterstürzen. Alle diejenigen jedoch, die ihn mit erhobenem Zeigefinger vor dem Sturz in die Tiefe warnen, purzeln selbst hinunter. Weil der Narr die Gefahr nicht sieht, bleibt er unschuldig, rein und glücklich. Er hat einen Schutzengel wie alle Narren und Kinder. Eigentlich gibt es nur zwei Menschen, die wirklich glücklich sind: der Weise und der Narr.

Management Gehen Sie nach Hause, vergessen Sie Ihre Termine, Ihre Rolle als Chef – und seien Sie nichts weiter als ein Mensch. Wenn Sie lachen können, wird alles erträglich.

Finanzen und Investitionen Wie wäre es, wenn Sie mit einem Schlag Ihr ganzes Geld verlieren würden? Schrecklich? Dann sind Sie noch weit entfernt davon, ein weiser Narr zu sein. Erst wenn Sie verstehen, daß Geld noch nie glücklich gemacht hat, dürfen Sie mit dem Narren um die Wette lachen. Ein Besitz bleibt Ihnen allemal: Im kleinen Säckchen am Stock des Narren befindet sich ein Tarot-Kartenspiel: Darauf ist die Weisheit der ganzen Welt gesammelt.

Bewerbungen und Gesuche Strengen Sie sich bloß nicht an. Alles ist wunderbar. Entweder Sie bekommen, was Sie wollen – oder eben nicht. Inschallah! Das eine ist wie das andere.

Kündigung Kennen Sie die Geschichte vom Hans im Glück? Erst als er alles verloren hatte, war er wirklich glücklich. Solange Sie arbeiten, werden Sie immer auch Sorgen haben.

Verträge und Vereinbarungen Lassen Sie die Finger von jeder Unterschrift, die Sie binden könnte. Richtige Freiheit bekommen Sie niemals durch einen Vertrag. Die müssen Sie sich nehmen.

Risiken Richtig, Sie können am Ende unter der Brücke als Clochard enden. Sie können Haus und Hof verlieren. Aber Sie werden leicht und unbeschwert leben. Wenn Sie ein Narr sind, können Sie nichts mehr verlieren.

Die anderen Vergessen Sie die anderen. Vielleicht lacht man über Sie. Na und? Lachen ist die beste Medizin.

Außerberufliche Faktoren Die Karte des Narren ist ein deutlicher Hinweis, den Beruf nicht so wichtig zu nehmen. Manchmal ist sie sogar eine Aufforderung, aus dem Beruf auszusteigen.

Das Kleine Arkanum

Das Kleine Arkanum besteht aus 56 Karten. Es setzt sich zusammen aus den 40 Spielkarten und den 16 Hofkarten.

Die Karten des Kleinen Arkanums sind entsprechend einer gleichbleibenden, inneren Logik zusammengestellt, ähnlich normalen Spielkarten wie beispielsweise beim Skat.

Es gibt vier Elemente – Stab, Kelch, Schwert, Stern.

Jedes Element beginnt mit einem As, das zahlenmäßig der Ziffer EINS entspricht, und setzt sich dann numerisch fort bis zur Ziffer ZEHN.

Jedes Element hat außerdem vier Hofkarten: Page, Ritter, Königin und König.

Das Hofkarten-Set wird weiter hinten besprochen. Hier noch ein paar Anmerkungen zu den Spielkarten.

Die Ziffern EINS bis ZEHN verleihen den Karten weitgehend ihre Bedeutung. Diese Bedeutung ergibt sich aus einer den Zahlen innewohnenden Dynamik und Kraft, die uralten Überlieferungen entstammt.

EINS	Vollständige Einheit ohne die Möglichkeit der Reflexion.
ZWEI	Polarität, Komplementarität und Konflikt. Zweifel. Bewußtsein, das aus der Reflexion entsteht.
DREI	Gleichgewicht. Stabilität. Sicherheit. Festigkeit. Bestimmtheit.
VIER	Widerstand. Materie. Zweimal ZWEI.
FÜNF	Die Zahl des Menschen, seine Stärken und Schwächen, sein schöpferisches und sein zerstörerisches Potential.
SECHS	Zweimal DREI. Polarität plus Gleichgewicht. Gleichgewicht wird nur durch Aktivität erlangt.
SIEBEN	Jenseitigkeit. Einflüsse aus der Anderwelt.
ACHT	Zweimal VIER. Polarität plus Widerstand.
NEUN	Dreimal DREI. Endprodukt. Vervollständigung. Ende eines Zyklus.
ZEHN	Abschluß und Neubeginn. Ziffer EINS auf höherer Ebene.

Auch die Interpretation der vier Elemente beruht auf einer uralten Vorstellung über die Bausteine des Universums. Danach ist alles aus einer einmaligen Kombination der vier Elemente FEUER, WASSER, LUFT, ERDE zusammengesetzt.

FEUER	Im Tarot durch den Stab symbolisiert.
WASSER	Im Tarot durch den Kelch symbolisiert.
LUFT	Im Tarot durch das Schwert symbolisiert.
ERDE	Im Tarot durch den Stern symbolisiert.

ASSOZIATIONEN ZU DEN VIER ELEMENTEN

FEUER – Stab: Kraft – Zündung – Energie – Männlichkeit – Yang – Abenteuer Gesundheit – Power – Willensstärke – Arbeit – Konkurrenz – Durchsetzung – Startkraft – Lärm – Dynamik – Drang – Ausdehnung – Rücksichtslosigkeit – Furchtlosigkeit – Spannung – Wut – Zorn – Aggression – Kampf – Erschöpfung – Krankheit – Sieg – Niederlage – Sexualität – Zeugungskraft – Eroberung – Sturm

WASSER – Kelch: Liebe – Gefühl – Empfindung – Weiblichkeit – Ying – Herz – Trauer – Aufnehmen – Verdichten – Gebären – Empfangen – Freude – Partnerschaft – Seele – Tiefe – Intuition – Innerlichkeit – Stimmung – Ausdrucksfähigkeit

LUFT – Schwert: Gedanken – Intellekt – Urteil – Verurteilung – Trennen – Auseinandersetzung – Rücksichtslosigkeit – Ego – Verkopfung – Leid – Karma – Reflexion – Zerstörung – Kampf – Neid – Gier – Verdrängung – Flucht – Opfer – Erlösung

ERDE – Stern: Glück – Reichtum – Frieden – Wissen – Wahrheit – Weisheit – Glauben – Freundschaft – Selbsterkenntnis – Suche nach Freiheit – Geld – Erfüllung – Lebenssinn – Aufgabe – Ziel – Dankbarkeit

Aus beruflicher Sicht bedeutet FEUER (Stab) Aktivität, Expansion, erfolgsmotiviertes Handeln und Konkurrenz (Wirtschaft,

Politik, Handel). WASSER (Kelch) steht für ein eher rezeptives Vorgehen, Sammeln und Verwerten (Pädagogik, Psychologie, Medizin, Sozialarbeit, Kunst und Religion). LUFT (Schwert) steht für eine kämpferische und egoistische Unternehmenspolitik (Wirtschaft, Handel, Politik). Das Element ERDE (Stern) verweist auf überpersönliche Aufgaben mit gesamtgesellschaftlicher und übergreifender Verantwortung (Politik, Beamtentum, öffentliches Recht).

Stab-As

Lebendigkeit

Aussage Feuer. Anfang. Energie. Vitalität. Lebenskraft. Gesundheit. Lebendigkeit. Aktivität. Startkraft.

Bild Vor einer strahlenden Sonne befindet sich ein Eichenstab. Von dem Stab gehen Feuerzungen aus.

Deutung Die Ziffer EINS steht am Anfang und ist in jeder anderen Ziffer enthalten. Sie verkörpert das Eine, das in allem ist. Der Stab symbolisiert das Feuerelement, das sich als Tatkraft, Aktivität, Männlichkeit, Lebenskraft, Gesundheit und Energie manifestiert. So ist die Karte Stab-As ein Zeichen für die jedem Lebewesen innewohnende Energie. Sie ist eine Erinnerung an das ewige Feuer und an den göttlichen Funken, der das Leben durchströmt. Sie ist eine Huldigung an das ewige Element Feuer.

Management Sie sind Feuer. Sie sind stark. Es ist herrlich, zu wissen, daß Sie Kraft haben und nichts zu fürchten brauchen. Alles steht Ihnen offen. Das ganze Leben ist ein Spielplatz Ihrer Kraft und Ihrer Möglichkeiten.

Verlassen Sie sich bei allen Unternehmungen vor allem auf Ihre Kraft, Ihre Energie, Ihren Tatendrang. Es kann gehandelt werden. Weitere Überlegungen sind überflüssig.

Finanzen und Investitionen Jetzt ist keine Zeit, um sich lange mit Geldgeschäften aufzuhalten. Wenn Sie Geld haben, geben Sie es aus oder investieren Sie es in eine möglichst gewinnbringende Anlage. Im Moment ist Geld nicht am wichtigsten, sondern daß Sie handeln.

Bewerbungen und Gesuche Greifen Sie zur Schreibmaschine, zum PC, schreiben Sie Ihr Bewerbungsschreiben, oder telefonieren Sie und vereinbaren Sie einen Termin im Personalbüro. Bei allen Vorstellungen, Gesuchen und Anfragen ist es nicht wichtig, daß Sie Ihr Wissen oder Können betonen, sondern es kommt vor allem auf Ihr Auftreten an. Zeigen Sie, daß Sie vital und dynamisch sind und andere überzeugen können.

Kündigung Wenn Sie eine langweilige Routine-Tätigkeit ausüben, dann ist jetzt der richtige Zeitpunkt, den ganzen Kram hinzuwerfen und eine größere Herausforderung zu suchen.

Verträge und Vereinbarungen Achten Sie darauf, daß Abmachungen nicht zu Ihrem Nachteil abgefaßt werden und Sie später einmal behindern.

Risiken Wenn Sie nichts tun, schlafen Sie ein. Wenn Sie darauf warten, daß bessere Zeiten kommen, werden Sie alt und grau. Sie müssen jetzt handeln.

Die anderen Rechnen Sie nicht mit Solidarität oder Kollegialität, sondern mit Konkurrenz. Im Lichte des Stab-As ist Auseinandersetzung und Konkurrenz ein natürlicher Prozeß jeder Entwicklung.

Außerberufliche Faktoren Die Karte Stab-As verweist ganz allgemein auf Vitalität, Gesundheit und Fitneß.

Stab-2

Unentschiedenheit

Aussage Feuer. Mehrdeutigkeit. Unbegrenzte Möglichkeiten. Offene Situation. Druck. Nervosität. Warten müssen. Klarheit durch Nichtstun. Bewußtheit durch Polarisierung.

Bild Zwischen zwei aufgerichteten Stäben schwebt die Erdkugel.

Deutung Die Erdkugel symbolisiert unendliche Möglichkeiten. Die Stäbe signalisieren Feuer und damit Aktivität. Die Ziffer ZWEI bedeutet jedoch Un-ein-deutigkeit und Unentschiedenheit. Sie wird in Worten wie Zwei-fel und Zwei-deutigkeit eingefangen. Das eine hat seine Ein-deutigkeit verloren, es muß warten, bis es auf einer neuen Stufe wieder vollkommen ist. So verkündet die Karte Stab-2, daß die Zeit noch nicht reif für Entscheidungen ist. Man wird vom Feuer beherrscht, kann es aber im Moment nicht ausleben.

Der Geist ist gefangen; weder im einen noch im anderen liegt Heil.

Management Bezähmen Sie Ihre Ungeduld, auch wenn es Ihnen in den Fingern juckt. Statt zu handeln, sollten Sie sämtliche Möglichkeiten abwägen. Die Zeit ist ungünstig für Aktionen und Taten.

Finanzen und Investitionen Sie suchen nach Möglichkeiten, um Ihre wirtschaftliche Situation zu verbessern. Aber Sie sehen (noch) keine klare Lösung. Warten Sie ab, bis die Zeichen eindeutig sind.

Bewerbungen und Gesuche Die Zeit ist ungünstig für Bewerbungen und Stellensuche. Auch ein Vorstoß im Personalbüro steht unter einem ungünstigen Stern. Warten Sie ab. Erwägen Sie aber auch andere Möglichkeiten. Möglicherweise setzen Sie auf das falsche Pferd. Vor allem: Lassen Sie sich nicht von Ihrer Ungeduld beeinflussen.

Kündigung Die Karte Stab-2 rät Ihnen, Ihre Kündigung abzuwägen und zu warten. Im Moment ist nicht der richtige Zeitpunkt für eine Trennung von Ihrem bisherigen Tätigkeitsfeld.

Verträge und Vereinbarungen Ihre Absprachen stehen auf schwachen Füßen, sind uneindeutig, unbestimmt oder zu Ihren Ungunsten abgefaßt. Unterschreiben Sie nichts. Warten Sie auf eine klärende Situation. Ziehen Sie einen Fachbeistand zu Rate.

Risiken Wenn Sie jetzt handeln, riskieren Sie eine Fehlentscheidung. Oder Sie nehmen in Kauf, daß Ihre Entscheidung morgen wieder geändert werden muß. Wird die Karte auf dem Kopf stehend aufgedeckt, kann das manchmal auch heißen, daß zu lange gezögert wird beziehungsweise daß endloses Warten auch eine Flucht vor Tat und Verantwortung sein kann.

Die anderen Im Sinne der Polarität und Ergänzung der Ziffer ZWEI vertreten die anderen oft eine genau entgegengesetzte Meinung. Dann darf weder der einen noch der anderen Richtung der Vorrang gegeben werden.

Außerberufliche Faktoren Die Karte Stab-2 spiegelt ganz generell eine Phase des Wartens, der Sammlung und des Abwägens.

Stab-3

Festigkeit

Stab-3

Aussage Feuer. Sicherheit. Stärke. Standfestigkeit. Sichere Ausgangsbasis. Entschlossenheit. Wissen, was man will. Ein Mann, ein Wort.

Bild Ein Mann steht breitbeinig und entschlossen inmitten von drei Stäben.

Deutung Die Stäbe signalisieren Feuer. Die Ziffer DREI ist eine stabile Zahl. Aus der Zahl ZWEI, die labil und un-ein-deutig ist, entsteht durch Reflexion Bewußtheit und Klarheit und damit Festigkeit. Die Zahl DREI vollendet die Zahl ZWEI. Es heißt: Vater, Sohn **und** heiliger Geist. Zu einer Familie gehören Vater, Mutter **und** Kind. Man sagt auch: »Aller guten Dinge sind drei« oder: »Ein Tisch mit drei Beinen wackelt nicht.« Die Karte bedeutet, daß das Feuer eine stabile Form gefunden hat. Es handelt sich um gebündeltes, gefestigtes Feuer, um eine Kraft, auf die man sich verlassen kann.

Management Sie haben die richtige Lösung in der Tasche – oder Sie werden sehr bald wissen, was zu tun ist. Die Zeit des Abwägens und Abwartens ist somit vorüber. Nun soll gehandelt werden. Forcieren Sie Ihr Ziel, und lassen Sie sich nicht mehr ablenken. Gelingen steht über allem, was Sie tun. Wichtig ist, Ihre Energien zu bündeln. Verzetteln Sie sich nicht. Gehen Sie in eine Richtung.

Finanzen und Investitionen Es ist nicht wichtig, *wie* Sie sich entscheiden und in welcher Form Sie Ihr Geld anlegen, sondern *daß* Sie sich entscheiden. Sie sollen einen Entschluß fassen, der

Ihre finanzielle Situation in Bewegung bringt. Treten Sie dabei nicht zögerlich, sondern fest und entschlossen auf.

Bewerbungen und Gesuche Was immer Sie vorhaben, treten Sie entschlossen und selbstsicher auf. Man will Ihre Durchsetzungskraft und Entschlossenheit spüren. Bei Ihrer neuen Tätigkeit kommt es mehr auf Ihre persönliche Selbstsicherheit und Selbstpräsentation als auf Ihr intellektuelles Wissen oder Ihre praktischen Fähigkeiten an. Wenn Sie sich um eine Beförderung bemühen, gilt das gleiche: Treten Sie entschieden, selbstbewußt und entschlossen auf.

Kündigung Die Karte Stab-3 kennzeichnet einen unverrückbaren Entschluß. Wenn er sich auf eine Kündigung bezieht, sollte diese auch bis zum Ende durchgezogen werden. Die Stab-3 steht auch für einen günstigen, neuen Anfang.

Verträge und Vereinbarungen Mit der Karte Stab-3 sind alle Abmachungen sicher und fest. Man kann sich darauf auch ohne einen ausführlich formulierten Vertrag verlassen. Die Karte kann im Sinne des Sprichwortes »Ein Mann, ein Wort« interpretiert werden.

Risiken Wenn Sie jetzt nichts tun, ist die Gefahr groß, daß Sie Ihren Schwung verlieren und zurückfallen in Zweifel und Unsicherheit.

Die anderen Aus der Perspektive dieser Karte sind die anderen Mitstreiter oder Konkurrenten.

Außerberufliche Faktoren Die Stab-3 verweist immer auf einen Entschluß, der stimmig ist, an dem man daher auch unumstößlich festhalten kann.

Stab-4

Freude

Stab-4

Aussage Feuer. Ein freudiges Ereignis. Ein Fest. Kommunikation. Spiel. Tanz. Harmonie der Kräfte. Stimmigkeit.

Bild Vier Stäbe sind mit Blumen und Girlanden geschmückt.

Deutung Die Stäbe bedeuten Feuer. Die Girlanden sind ein Symbol für Geselligkeit, Abenteuer, Spiel und Tanz. Die Ziffer VIER ist eine harmonische Zahl. Sie ist vollendet, wie das Quadrat oder der Würfel, der aus sechs Quadraten besteht. Das Element Feuer findet eine harmonische Form, es wird zu flüssigem Gold, zu materiellem Reichtum und manifestiert sich beim Menschen im Gefühl der Erhabenheit und Freude. In der Ziffer VIER ist aber auch die Zahl ZWEI – und somit Polarität, Zweifel und Widerstand – zweimal enthalten. So liegt in der Ziffer VIER immer auch der Keim für einen Wechsel und Umschwung.

Management Sie haben Grund zum Feiern. Es bietet sich Ihnen ein Anlaß für ein Fest. Ihre Aktivitäten fallen auf fruchtbaren Boden. Was immer Sie tun, Sie kommen an. Gelingen liegt im freudigen Arbeiten. Wichtig ist, daß Ihnen das Arbeiten auch Spaß macht.

Es ist aber auch möglich, daß die Karte Sie daran erinnert, Ihr Image zu ändern. Vielleicht müssen Sie etwas dynamischer und sinnlicher auftreten. Vielleicht nehmen Sie Ihre Arbeit und Ihre Position zu ernst. Wenn Sie ohne Freude und Lust arbeiten, werden Sie niemals das leisten, was Sie können. Vielleicht ist es auch Ihr Firmenimage, das ein neues, freundliches Gesicht benötigt.

Finanzen und Investitionen Schauen Sie jetzt nicht auf das Geld, das ausgegeben wird. Betrachten Sie das Geld als Möglichkeit, sich zu amüsieren, ein Fest zu feiern. Seien Sie großzügig, und denken Sie auch an die anderen.

Über Ihren Geldgeschäften wacht ein gütiges Schicksal.

Bewerbungen und Gesuche Treten Sie engagiert, dynamisch und selbstbewußt auf. Lassen Sie erkennen, daß Sie gerne arbeiten, daß Sie sich gerne messen. Lassen Sie aber auch erkennen, daß Sie ein fröhlicher Mensch sind. Was immer Sie planen, die Karte verkündet Gelingen. Auch bei einem Vorstoß für eine Beförderung können Sie mit positiven Einflüssen rechnen.

Kündigung Die Karte Stab-4 steht für eine positive Entwicklung. Wenn sie sich auf eine Kündigung bezieht, können Sie sicher sein, daß Sie das Richtige getan haben und bald mit einem positiven Ergebnis rechnen können.

Verträge und Vereinbarungen Die Karte zeigt an, daß Ihre Abmachung so gut ist, daß Sie darauf anstoßen können. Heben Sie die Gläser auf den gelungenen Abschluß.

Risiken In der Zahl VIER liegt die Tendenz zur Selbstgefälligkeit. Von daher ist es wichtig, daß Sie das Maß kennen und einhalten. Feste feiern ist die eine Sache, zu wissen, wann sie zu Ende sind und die Pflicht beginnt, ist die andere. Achten Sie darauf, daß Sie jetzt nicht übertreiben.

Die anderen Im Licht dieser Karte sind die anderen Kollegen und Freunde, mit denen man sich austauscht, unterhält und feiert.

Außerberufliche Faktoren Die Karte verkündet manchmal ein nahendes Fest wie eine Hochzeit oder eine Geburt.

Stab-5

Beweglichkeit

Stab-5

Aussage Feuer. Reibung. Auseinandersetzung. Lebendigkeit. Streit. Konkurrenz. Rivalität. Aufbruch. Männliche Seite. Auf zu neuen Ufern.

Bild Man erkennt die Beine und Hände von fünf Gestalten, die jeweils einen Stab dazu benützen, um miteinander zu ringen.

Deutung Die Stäbe verkünden Feuer. Die Ziffer FÜNF ist eine bewegliche Zahl, die sich nicht in gleiche Teile unterteilen läßt und nicht zur Ruhe kommt. Die Karte Stab-5 spiegelt somit Reibung, Konkurrenz, Rivalität. Sie zeigt an, daß das Gleichgewicht verloren wurde und sich neu gestalten will. Sie verkündet Änderung und Aufbruch, aber auch, daß große Kräfte am Wirken sind, daß das Feuer sich ausbreiten will.

Management Sie sollten sich behaupten. Vielleicht werden Sie angegriffen. Vielleicht müssen Sie selbst ›angreifen‹, sich vorwärts schieben, die Ellenbogen gebrauchen, sich durchsetzen. Wichtig ist, daß Sie sich der Auseinandersetzung stellen und jetzt nicht den Pazifisten oder Edelmütigen mimen. Es liegt in der Natur des Feuers, sich auszubreiten. Es ist auch nicht entscheidend, daß Sie gewinnen, sondern daß Sie dabei sind, bereit sind, sich zu messen, zu vergleichen. Wenn diese Karte für eine vor Ihnen liegende Verhandlung aufgedeckt wird, können Sie mit einer temperamentvollen Auseinandersetzung rechnen und müssen all Ihr Können aufweisen, um überhaupt zu Wort zu kommen.

Finanzen und Investitionen Sie müssen sich für Ihr Geld einsetzen. Vielleicht handelt es sich um mit Ihnen vereinbarte Kosten, für die Sie sich stark machen müssen. Möglicherweise geht es auch um verliehenes Geld, das zurückgefordert werden soll. Grundsätzlich zeigt die Karte an, daß Sie, wenn Sie (mehr) Geld möchten, sich dafür auch stark machen müssen. Sie bekommen nichts geschenkt.

Bewerbungen und Gesuche Es gibt Konkurrenz. Um den Posten, den Sie im Auge haben, wird gekämpft. Geben Sie jetzt nicht klein bei, sondern setzen Sie sich für Ihr Vorhaben ein. Gleichgültig, ob Sie die Stelle bekommen oder nicht, Sie profilieren sich in dieser Auseinandersetzung. Setzen Sie auf Ihre männliche Seite.

Kündigung Ihr Schritt zu kündigen ist mit Querelen verbunden. Sie werden kämpfen müssen. Es sind Auseinandersetzungen zu erwarten. Wichtig ist, daß Sie sich diesen Auseinandersetzungen auch stellen und nicht kneifen. Sie tragen sonst den Konflikt in die neue Arbeitsstelle hinein.

Verträge und Vereinbarungen Um einzelne Details muß gerungen werden. Der Vertrag geht zugunsten desjenigen, der die besseren Argumente hat. Kämpfen Sie um jedes einzelne Detail Ihrer Abmachung.

Risiken Die Karte Stab-5 weist auf geistige und körperliche Auseinandersetzung hin. Wer sich dieser Auseinandersetzung nicht stellt, verliert an Vitalität. Denn aus der Logik des Feuers benötigt Kraft Gegenkraft, um sich zu entfalten (Reibung).

Die anderen Im Licht der Karte sind die anderen Konkurrenten und Rivalen, mit denen es sich zu messen gilt.

Außerberufliche Faktoren Die Karte Stab-5 spiegelt ganz allgemein Situationen wieder, in denen man sich stellen und kämpfen muß.

Stab-6

Gewinn

Stab-6

Aussage Sieg. Überlegenheit. Ansehen. Gewinn. Verantwortung und Leitung. Stolz und angenehme Neuigkeiten. Eine Auseinandersetzung gewinnen. Zum Vorgesetzten bestimmt werden. Befördert werden.

Bild Ein Mann sitzt auf einem Pferd. Er trägt einen Siegeskranz und hat einen Stab in der Hand, der ebenfalls mit einem Siegeskranz versehen ist. Fünf weitere Stäbe stehen im Hintergrund.

Deutung Die Stäbe bedeuten Feuer. Die Ziffer SECHS beinhaltet zweimal die Zahl DREI und somit doppelte Festigkeit und Stabilität, also Gelingen auf der ganzen Linie. Wer sich im Feuer bewährt hat, erhält den Lorbeerkranz. Und wer sich als Sieger in einer Auseinandersetzung qualifiziert hat, der erfährt die Unterstützung der anderen.

Management Jetzt ist keine Zeit für Grabenkämpfe. Die Zeit, die Erfordernisse, bedürfen eines Leiters, der von allen unterstützt wird. Wenn die Karte für Sie aufgedeckt wurde, ist dies ein Hinweis, daß Sie kämpfen können. Sie haben sich als Sieger qualifiziert. Sie können sich auf Ihre Mitarbeiter verlassen. Steht die Karte für eine andere Person, ist es wichtig, daß Sie sich ihr gegenüber jovial verhalten. Es kommt jetzt darauf an, daß alle mit gebündelter Kraft in die gleiche Richtung drängen.

Finanzen und Investitionen Die Karte verkündet Glück und Gelingen bei Ihren Geldgeschäften. Vielleicht bekommen Sie mehr Geld. Vielleicht erhalten Sie eine Position, die mit höherem Einkommen verbunden ist. Auch auf Geldgeber und Ihre Bank können Sie sich verlassen. Niemand wird Ihnen in den Rücken fallen.

Bewerbungen und Gesuche Heil und Gelingen stehen über jedem beruflichen Vorstoß. Wenn Sie sich bewerben, können Sie sicher sein, daß die anderen auf Ihrer Seite stehen. Wenn Sie an eine Beförderung denken, ist es wichtig, daß Sie die Jovialität Ihrer Mitarbeiter betonen. Lassen Sie erkennen, daß Sie auch höheren Aufgaben gewachsen sind.

Kündigung Ihre Kündigung ist ein Sieg. Sie haben sich für den besseren Weg entschieden. Sie können sicher sein, daß Ihr neuer Job erfüllender und erfolgreicher als der alte sein wird.

Verträge und Vereinbarungen Diese Abmachung ist ein Sieg, und Sie können sicher sein, daß alle anderen hinter Ihnen stehen.

Risiken Für viele Menschen ist die Vorstellung ungewohnt, sich in einem Konkurrenzkampf qualifizieren zu müssen. Sie würden lieber sehen, daß alle in gleicher Weise an den Entscheidungen beteiligt sind. Im Licht der Karte Stab-6 geht es aber gerade darum, die Position eines Siegers anzuerkennen. Wird die Karte verkehrt, das heißt auf dem Kopf stehend aufgedeckt, signalisiert sie manchmal eine negative Einstellung zur Dynamik des Feuers, zu Hierarchie und Autorität.

Die anderen Die anderen sind jovial und unterstützen Sie bei allem, was Sie tun.

Außerberufliche Faktoren Die Karte Stab-6 verweist auch auf den Sieger in einer privaten Auseinandersetzung.

Stab-7

Stärke

Aussage Stärke. Selbstbehauptung. Übernatürliche Kraft. Magie. Eine Herausforderung, der man gewachsen ist. Einen Kampf gewinnen. Seine Position verteidigen.

Bild Ein Mann in kriegerischer Uniform verteidigt sich mit seinem Stab gegen sechs Angreifer, die durch sechs Stäbe symbolisiert werden. Er ist dieser großen Herausforderung gewachsen.

Deutung Die Stäbe bedeuten Feuer und damit Kraft, Energie, Konkurrenz und Herausforderung. Auf der Karte kommt es zu einem Angriff auf die Leitung. Die Führungsposition muß verteidigt werden.

Die Ziffer SIEBEN ist eine magische, eine heilige Zahl. Die Alten kannten nur sieben Planeten, Gott erschuf die Welt in sieben Tagen, der Mond dreht sich in vier mal sieben Tagen um die Erde, und die Woche hat daher sieben Tage. In vielen Mythen und Märchen ist die Sieben ein Symbol für übernatürliche Stärke (die Sieben Samurais, die glorreichen Sieben, die sieben tapferen Brüder). So spiegelt die Karte Stab-7 eine Situation, in der man einer Herausforderung durch eine Überzahl von Angreifern gewachsen ist.

Management Sie sind stark, dynamisch, unschlagbar. Ihre Argumente sind besser, Sie wissen mehr als alle anderen zusammen. Wenn Sie angegriffen werden, dann müssen Sie sich auch verteidigen. Ziehen Sie sich jetzt nicht beleidigt zurück, sondern zeigen Sie die Zähne. Es geht dabei nicht nur um Sie, sondern auch um die Stimmigkeit der ganzen Angelegenheit: Es ist Ihr Recht und Ihre Pflicht, sich zu verteidigen. Wenn die Karte für eine andere Person steht: Sie haben keine Chance zu gewinnen.

Finanzen und Investitionen Vielleicht gibt es eine Krise, aber Sie sind ihr gewachsen. Vielleicht müssen Sie Ihr Geld verteidigen, aber Sie werden die Herausforderung gewinnen. In allem, was Sie tun, liegt große Stärke und Gelingen. Vertrauen Sie Ihrer Kraft, auch wenn die Aufgabe, die es zu bewältigen gilt, schier unmöglich scheint.

Bewerbungen und Gesuche Sie müssen sich gegen zahlreiche Herausforderer und Konkurrenten behaupten. Gelingen liegt darin, daß Sie von einer inneren Position der Überlegenheit ausgehen. Der Sieg steht Ihnen aufgrund Ihrer größeren Erfahrung und Dynamik zu.

Kündigung Zum Thema Kündigung ist die Karte uneindeutig. Sie kann einerseits andeuten, daß Ihre Kündigung keine Chancen hat und auf Widerstand Ihrer Arbeitgeber stößt. Zum anderen kann sie aber auch bedeuten, daß Sie Ihre Kündigung gegen jeden Widerstand erfolgreich durchboxen. Es müssen also weitere Karten zur Klärung herangezogen werden.

Verträge und Vereinbarungen Sie müssen sich behaupten. Was Sie erreichen wollen, wird Ihnen streitig gemacht. Jemand kommt Ihnen in die Quere. Sie werden die Herausforderung gewinnen, wenn Sie überzeugt von sich sind.

Risiken Wenn die Karte Stab-7 gegen Sie steht, ist jeder Versuch zwecklos, sich durchzusetzen. In einem derartigen Fall ist es wichtig, daß Sie sich unterordnen.

Die anderen Im Licht der Karte sind die anderen Konkurrenten, die nach Ihrer Position schielen und nur auf eine Gelegenheit warten, sich ihrer zu bemächtigen.

Außerberufliche Faktoren Die Karte steht manchmal für einen Rivalen in der Partnerschaft, der die stärkere Position innehat.

Stab-8

Achtung

Aussage Achtung. Vorsicht. Spannung. Energie. Eine Wende. Etwas Bedrohliches liegt in der Luft.

Bild Acht Stäbe fliegen durch die Luft.

Deutung Die Ziffer ACHT ist gleichermaßen unendlich (als liegende ›8‹ ist sie das Zeichen für Unendlichkeit) und spannungsgeladen (zweimal die VIER, also zweimal Widerstand und Polarität). Als unendliche Zahl steht sie für die ungeheure Kraft, die in den acht Stäben gebannt ist: Etwas Gewaltiges (f)liegt in der Luft. In dieser Form wirkt die ACHT bedrohlich. Das ist auch in dem Wort ›Acht-ung‹ in seltsamer Weise eingefangen. Auch in anderen europäischen Sprachen besteht dieser Bezug zwischen ACHT und Achtung.

Andererseits muß mit Widerstand gerechnet werden. Der Flug der acht Stäbe deutet daher auf eine gefährliche Wende hin. Eine Situation, ein Zeitabschnitt geht dem Ende zu. Die Stäbe neigen sich im Flug wieder der Erde zu, der Höhepunkt ist überschritten. Aber die Karte ACHT allein zeigt noch nicht die Richtung der Wende; der Weg nach der Veränderung ist (noch) nicht bestimmt.

Management Feuer ist eine treibende Kraft. Feuer ist Energie. Feuer ist Lebendigkeit. Aber Feuer erschöpft sich auch. Die acht Stäbe verkünden eine Wende: Streß, Erschöpfung, Krankheit, Alter… Es ist wichtig, daß Sie die Zeichen richtig deuten.

Vielleicht sind Sie überfordert. Vielleicht muten Sie sich selbst zu viel zu. Was Sie jetzt benötigen, ist Entspannung, Ferien, ein paar Tage Urlaub. Bedenken Sie auch, daß Sie, wenn Sie jetzt in gewohnter Weise weiter arbeiten, auch an Ihren Reserven zehren.

Finanzen und Investitionen Über allen Geldgeschäften steht ein großes Fragezeichen. Jetzt ist die richtige Zeit, um Spekulationsobjekte zurückzugeben und das Geld sicher anzulegen. Möglicherweise kündet die Stab-8 aber auch eine generell schwierige Situation Ihrer Finanzen an. Möglich ist auch, daß Sie geliehenes Geld zurückgeben müssen. In jedem Falle ist es wichtig, daß Sie die Ursache des wirtschaftlichen Rückgangs erkennen: Haben Sie überreizt? Waren Sie leichtsinnig?

Bewerbungen und Gesuche Die Karte Stab-8 verkündet einen Rückgang Ihrer Kraft und Energie. Unter diesem Vorzeichen ist es ungünstig, einen Berufseinstieg oder einen Vorstoß im Personalbüro zu unternehmen.

Kündigung Handeln Sie schnell, handeln Sie sofort. Wenn Sie an eine Kündigung denken, sollten Sie heute noch aktiv werden. Je länger Sie warten, um so schwieriger wird das Vorhaben. Jetzt besitzen Sie noch die Kraft, die dafür notwendig ist.

Verträge und Vereinbarungen Ihre Abmachungen stehen nicht auf soliden Beinen. Möglicherweise haben Sie eine Kleinigkeit übersehen, die sich in Zukunft negativ auswirken wird. Lassen Sie Ihren Vertrag ruhen, oder legen Sie ihn einem professionellen Gremium zur Prüfung vor.

Risiken Wer seine Energien auf der Stab-8 vergeudet, muß damit rechnen, alles zu verlieren (Stab-9, Stab-10).

Die anderen Die anderen werden aus der Perspektive der Karte häufig als Streßfaktor erlebt.

Außerberufliche Faktoren Die Karte Stab-8 verkündet ganz allgemein eine Situation der Erschöpfung.

Stab-9

Bedrängnis

Stab-9

Aussage Angst vor Niederlage. Ein Machtwechsel steht bevor. Die Wende. Einen sinnlosen Kampf führen. Auf verlorenem Posten stehen. Ausgebrannt sein.

Bild Von unten ragen in das Bild zwei Arme, die einen Stab umklammert halten und versuchen, acht Stäbe abzuwenden.

Deutung Die Stäbe bedeuten Feuer. Auf der Karte Stab-9 ist das Feuer verbraucht. Es droht zu erlöschen. Die Karte verkündet daher einen Machtwechsel. Wer auf der Stab-7 Sieger war, auf der Karte Stab-8 die Zeichen der Zeit nicht richtig deutete, kämpft auf der Stab-9 gegen seinen eigenen Niedergang. Die Ziffer NEUN signalisiert häufig das Ende eines Zyklus.

Management Ein Machtwechsel ist fällig. Jedes weitere Festhalten an Ihrer Position schiebt das Ende nur vor sich her. Der Wechsel ist bestimmt. Sie verschwenden Ihre Lebenskraft. Sie sind ausgebrannt, leer. Was immer Sie festhalten und behaupten möchten, Ihre Position, Ihren Besitz, Ihr Geld, Ihre Stellung: Die Zeit ist gekommen, dies alles loszulassen.

Finanzen und Investitionen Haben Sie Ihr Feuer vergeudet, Ihr Geld verspielt? Jedenfalls sind Sie mit Ihrem Latein am Ende. Sie brauchen Zeit, sich zu besinnen. Und Ihre wirtschaftliche Situation braucht Zeit, sich zu stabilisieren.

Bewerbungen und Gesuche Sie stehen auf einem schwankenden Fundament, vielleicht sogar auf verlorenem Posten. Die

Konkurrenz ist stärker. Sehen Sie darin keine persönliche Niederlage, sondern das Ergebnis eines natürlichen Zyklus. Das Alte ist zu Ende. Das Neue steht an.

Kündigung Sie werden zur Kündigung gedrängt. Springen Sie lieber ins Ungewisse, als weiterhin Ihre Kräfte sinnlos zu vergeuden. Ein neuer Anfang bringt Gelingen.

Verträge und Vereinbarungen Die Abmachungen sind gegen Sie gerichtet. Trotzdem nützt es nicht zu kämpfen. Sie stehen im Moment auf verlorenem Posten und vergeuden nur Ihre Kraft.

Risiken Die Stab-9 verkündet Schwäche und Verluste. Aber wer rechtzeitig reagiert, kann Schlimmes abwenden.

Die anderen Im Licht der Karte Stab-9 sind die anderen eine bedrohliche Kraft.

Außerberufliche Faktoren Ganz allgemein verkündet die Karte einen physisch-psychischen Schwächezustand.

Stab-10

Zusammenbruch

Stab-10

Aussage Niederlage. Energielosigkeit. Bankrott. Mattigkeit. Erschöpfung. Streß.

Bild Eine Gestalt trägt die gebündelten zehn Stäbe wie eine große, bedrückende Last auf seinem Rücken.

Deutung Stäbe bedeuten im Tarot Feuer. Die Karte Stab-10 spiegelt das Ende des natürlichen Feuerzyklus. Feuer entzündet sich (Stab-1), Feuer breitet sich aus (Stab-3 bis Stab-5), Feuer strebt einem Höhepunkt zu (Stab-6 und Stab-7), aber Feuer erschöpft sich auch (Stab-8 und Stab-9). Die Ziffer ZEHN steht für einen endgültigen Schlußstrich – und einen Neubeginn.

Management Sie sind geschlagen. Alles, was Sie sonst zierte und Ihnen zugute kam, Ihre Kraft und Geschicklichkeit, Ihr Wissen, Ihr Besitz und die Menschen, die Sie bewunderten, das alles ist zur Last geworden. Was Sie jetzt nötiger brauchen als alles andere, ist eine schöpferische Pause, eine Kur, frische Luft und einen Menschen, der sich um Sie kümmert. Lassen Sie all Ihre beruflichen Geschäfte ruhen.

Finanzen und Investitionen Die Karte erlaubt zwei Interpretationen zu Ihrer wirtschaftlichen Situation. Die eine deutet auf eine wirtschaftliche Erschöpfung, auf Verluste, sogar auf einen Bankrott hin. Die andere besagt, daß Sie erschöpft sind und all Ihr Geld, Ihr Reichtum, Ihre ganze wirtschaftliche Situation zu einer Last für Sie geworden ist, der Sie sich entziehen möchten.

Bewerbungen und Gesuche Im Licht der Karte Stab-10 ist jeder Schritt hin zu einem neuen Beruf, zu mehr Geld oder einer Beförderung zwecklos. Es ist wichtig, daß Sie zunächst Ihre physisch-seelische Situation angehen und eine Zeitlang ruhen, bis Sie wieder zu Kräften gekommen sind.

Kündigung Die Karte Stab-10 steht ganz generell für das Ende einer Arbeitssituation, sprich sie steht unmittelbar für eine Kündigung. Auch wenn Sie selbst an einen derartigen Schritt überhaupt nicht gedacht haben, sollten Sie ihn erwägen. Möglicherweise ist die Arbeitsstelle für Sie zur Last geworden.

Verträge und Vereinbarungen Die Abmachungen, die Sie getroffen haben, sind zur Last geworden. Sie können sie nicht mehr einhalten. Kündigen Sie die Abmachungen und Verträge.

Risiken Die Karte steht unmittelbar für die Gefahr beziehungsweise das Risiko im Umgang mit dem Feuer: Feuer ist Lebenskraft, und Feuer verbraucht Lebenskraft.

Die anderen Die anderen werden im Licht der Karte Stab-10 zur Last, die man am liebsten abschütteln würde.

Außerberufliche Faktoren Die Stab-10 verkündet ganz allgemein eine Phase der Schwäche, eine Erschöpfung, eine übermäßige Belastung, Streß, Krankheit.

Kelch-As

Gefühl

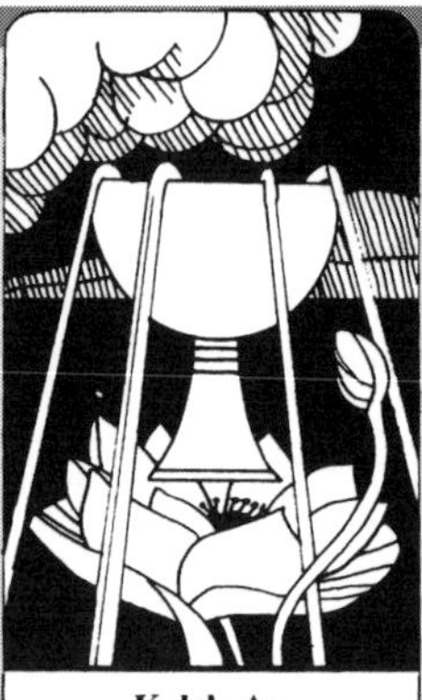

Kelch-As

Aussage Die Gabe zu fühlen, zu empfinden, sich selbst zu finden. Die Welt kraft seiner Gefühle erfahren. Bei der Arbeit auf seine Gefühle achten. Eine Tätigkeit suchen, bei der auch die Gefühle eine Rolle spielen.

Bild Aus einer Lotusblüte erhebt sich ein Kelch, aus dem Energiestrahlen fließen. Am Himmel ballen sich große schwere wasserhaltige Wolken.

Deutung Wie alle anderen Kelchkarten auch, symbolisiert das Kelch-As das Wasserelement. Wasser steht für die rezeptive Seite des Menschen, für seine Fähigkeit zu spüren, zu empfinden, und für seine Ausdruckskraft. In vielen Mythologien und Religionen symbolisiert Wasser – oder ein mit Wasser gefüllter Kelch – die Seele des Menschen. Das Karte Kelch-As steht wie jedes As für eine allumfassende Fähigkeit des Menschen. Hier ist es die Gabe zu empfinden und sich auszudrücken.

Management Genießen Sie Ihre Arbeit, freuen Sie sich an Ihrer Position! Ihre Tätigkeit bereitet Ihnen Freude. Sie entdecken, daß Ihr Beruf nicht nur Ihre Existenz sichert, sondern sie auch emotional nährt, daß Arbeiten glücklich macht. Je mehr Sie vom Gefühl der Liebe in Ihr Tun einfließen lassen, um so sicherer, fröhlicher und erfolgreicher werden Sie sein. Die Karte erinnert Sie daran, daß Sie ein Recht auf Gefühle haben. Möglicherweise – besonders wenn die Karte auf dem Kopf aufgedeckt wird – deutet das Kelch-As an, daß Sie mehr Gefühl in Ihre Arbeit einfließen lassen sollen oder wollen, daß Sie vielleicht eine Arbeit suchen, in der mehr Raum für Ihre Gefühle herrscht.

Finanzen und Investitionen Ohne es vielleicht selbst zu bemerken, haben Sie ein sehr emotionales Verhältnis zum Geld: Sie haben es gerne in Ihrer Nähe, Sie lieben es. Genau das ist richtig! Das Geld mag auch Sie und kommt zu Ihnen. Vertrauen Sie dieser geheimnisvollen Gesetzmäßigkeit!

Bewerbungen und Gesuche Geben Sie sich ruhig emotional. Zeigen Sie, daß Sie ein Gefühlsmensch sind. Lassen Sie auch erkennen, daß Sie Ihre zukünftige Arbeit von ganzem Herzen lieben werden.

Kündigung Sie möchten Ihre Arbeit verlassen, weil Sie sich unwohl fühlen, weil Sie vielleicht gekränkt wurden. Jedenfalls ist Ihre Entscheidung von der Kraft der Gefühle getragen. Trotzdem sollten Sie einige Tage warten, bevor Sie mit Ihrem Kündigungsvorhaben nach außen gehen. Wenn Sie morgen oder übermorgen immer noch überzeugt sind von Ihrem Entschluß, ist er wirklich richtig.

Verträge und Vereinbarungen Einzig und allein Ihr Gefühl ist entscheidend. Sie können sich auf Ihr Gefühl verlassen. Sie brauchen keine Analysen. Sie benötigen nicht einmal einen Vertrag, wenn Ihr Gefühl stimmt, ist auch alles andere richtig.

Risiken Wenn Sie Ihrem Gefühl vertrauen, dürfen Sie nicht wie eine Krämerseele die Vor- und Nachteile abwägen.

Die anderen Sie benötigen Menschen, mit denen Sie sich emotional verstehen. Alleinsein macht krank. Folgen Sie dem Ruf Ihres Herzens nach Kontakt und Austausch!

Außerberufliche Faktoren Sehr häufig verweist das Kelch-As auf Ihr emotionales Bedürfnis nach Liebe und Zweisamkeit. Manchmal ist die Karte sogar ein Hinweis, sich nicht zu stark in seinem Beruf zu verlieren, sondern auch nach zwischenmenschlicher Erfüllung Ausschau zu halten.

Kelch-2

Begegnung

Aussage Eine offene Begegnung. Ein Mensch, der so empfindet wie man selbst. Austausch von Schwingungen. Der Beginn einer Liebe. Gefühlsaustausch.

Bild Zwei Menschen heben ihre Kelche. Über den Kelchen befinden sich zwei Herzen als Symbol ihrer Zuneigung und Liebe. Der Sternenhimmel verkündet Überfluß und Weite.

Deutung Die Karte Kelch-2 verweist wie alle Kelchkarten auf Gefühl, Mitgefühl, Liebe und die rezeptive Seite des Menschen. Hier ist die Liebe zwischen zwei Menschen, zwei offenen Herzen gemeint. Ob diese Liebe zur großen ›Lovestory‹ wird oder ein Flirt für einen kurzen Augenblick bleibt, entscheiden die anderen Karten, denn die Ziffer ZWEI beinhaltet immer auch den Zweifel und die Unentschiedenheit. So verweist die Kelch-2 eher auf den möglichen Beginn einer Liebe. Oder sie will dem Tarotspieler sagen, daß er mit einem anderen Menschen auf der gleichen Wellenlänge schwingt. Auf den Beruf bezogen deutet die Karte an, daß vielleicht zu einem Kollegen eine gefühlsmäßige Bindung besteht, die eventuell selbst noch nicht richtig wahrgenommen wurde. Es ist aber auch möglich, daß man eine Arbeit sucht, in der Gefühle leichter fließen können.

Management Die Karte signalisiert, daß Sie verliebt sind: in Ihren Chef, in einen Arbeitskollegen, in einen Menschen, der Ihnen nahesteht. Vielleicht haben Sie selbst dieses Gefühl der Liebe noch gar nicht bemerkt. Dann ist es wichtig, daß Sie es entdecken, ihm nachspüren. Diese Liebe ist wichtig und richtig. Gelingen entsteht, wenn Sie sich verschenken, wenn Sie Ihren Verstand ausschalten. Aber gehen Sie auch nicht zu weit. Warten Sie, was die Zeit noch alles bringt.

Finanzen und Investitionen Geld ist an sich nutzlos und tot. Erst wenn Sie es als Quelle der Liebe und des Glücks für sich und andere entdecken, wird es lebendig und bereichert Ihr Dasein.

Bewerbungen und Gesuche Gehen Sie voll Zuversicht in das Bewerbungsgespräch oder ins Personalbüro! Sie werden mit offenem Herzen empfangen. Sie werden Menschen finden, die so empfinden wie Sie. Es wird alles bestens gelingen. Vertrauen Sie Ihrem Gefühl, Ihrem Herzen!

Kündigung Sie sind verletzt! Ihr Herz wurde enttäuscht. Ihr Entschluß zu kündigen ist das Ergebnis mangelnder Liebe. Bevor Sie aber einen Schlußstrich ziehen, warten Sie noch ein paar Tage. Vielleicht löst sich der Schmerz …

Verträge und Vereinbarungen Alles steht unter dem Gedanken gegenseitiger Liebe. Heil und Gelingen resultiert aus den Schwingungen des Herzens. Sie verkleinern diese Kraft, wenn Sie schriftliche Abmachungen fordern.

Risiken Die Kraft der Liebe ist aus der Sicht der Ratio ein Balanceakt ohne Netz. Es gibt keine Sicherheit – außer der Kraft Ihres Herzens.

Die anderen Die Karte verweist Sie auf einen anderen Menschen. Manchmal ist dieser Mensch ein Kollege oder Ihr Chef.

Außerberufliche Faktoren Diese Karte verweist häufig auf den Partner oder einen Freund, zu dem eine Liebesbeziehung besteht. Sie werden daran erinnert, wie wichtig diese Beziehung für Sie ist.

Kelch-3

Fröhlichkeit

Kelch-3

Aussage Fröhlichkeit. Glück. Festlichkeit. Hülle und Fülle. Ein freudiges Ereignis. Eine Angelegenheit, um die es gut steht. Glück in der Liebe. Eine feste und stabile Beziehung. Eine tiefe und starke Verbindung zu einem anderen Menschen. Erfolg. Ehre, Ruhm. Ein unerwartet positiver Geschäftsabschluß.

Bild Drei geschmückte Frauen heben ihre Becher als Zeichen der Freude und des Glücks.

Deutung Wie alle Kelchkarten verweist auch die Kelch-3 auf die emotionale Seite des Lebens, auf Gefühl, Stimmung, Empfinden und Empfangen. Die Ziffer DREI ist eine stabile Zahl. So spiegelt diese Karte die Verläßlichkeit der Gefühle. Die Töchter der Fröhlichkeit, der Liebe und des Glücks tanzen, sie leben aus der Fülle heraus und fühlen sich geliebt und von anderen Menschen angenommen.

Management Sie haben Anlaß zum Feiern und Glücklichsein. Ein Erfolg ist Ihnen beschieden, den Sie auch verdienen. Lassen Sie alle Beteiligten, Ihren Chef, Ihre Kollegen und Ihre Freunde an Ihrem Erfolg teilhaben. Erfolge, die man feiert, kommen immer wieder.

Finanzen und Investitionen Sie haben eine Goldader gefunden. Ihr Geld vermehrt sich. Sie sind ein Glückspilz. Investieren Sie Ihr Geld, geben Sie es aus. Sie bekommen alles dreifach zurück. Die Karte signalisiert aber auch, daß Sie Geld nicht zu hoch bewerten dürfen. Was nützt Ihnen Geld, wenn Sie nicht glücklich sind? Glück, Liebe, Zufriedenheit kann man nicht kaufen.

Bewerbungen und Gesuche Das Schicksal ist günstig. Sie schwimmen auf der Welle des Erfolges und genießen öffentliches Ansehen. Mit diesen Voraussetzungen sind Sie für jeden Vorstoß aufs beste gerüstet.

Kündigung Ihre Kündigung ist der Beginn einer neuen, besseren beruflichen Situation. Allerdings sollten Sie vor einer endgültigen Entscheidung noch einige Zeit abwarten.

Verträge und Vereinbarungen Gelingen steht über Ihrem Vorhaben. Gelingen steht über allen Personen, mit denen Sie zu tun haben. Fest und unverrückbar ist alles, was Sie sich vornehmen.

Risiken Sie binden sich, Sie verpflichten sich, Sie geben daher auch einen Teil Ihrer Freiheit auf. Aber der Gewinn ist bei weitem größer als dieser Verlust.

Die anderen Andere Menschen sind ein Teil von Ihnen. Sie werden reich, wenn Sie mit anderen Ihre Stimmung teilen und gemeinsam feiern. Allein sind Sie im Moment nichts, zusammen alles.

Außerberufliche Faktoren Die Karte animiert Sie dazu, das Leben zu feiern und nicht nur zu arbeiten. Gehen Sie aus. Feiern Sie ein Fest. Laden Sie Ihre Freunde ein. Manchmal weist die Kelch-3 auch auf eine Hochzeit hin. Gelegentlich zeigt die Karte auch, daß es im Beruf an Freude mangelt. Dies gilt besonders, wenn die Karte verkehrt, das heißt auf dem Kopf stehend, aufgedeckt wird.

Kelch-4

Versäumnis

Kelch-4

Aussage Sich auf Lorbeeren ausruhen. Durch Selbstgefälligkeit eine Chance verpassen. Ein unbewußter und ungelebter Wunsch nach Veränderung. Träume, die nichts ändern. Vertrödeln von Zeit.

Bild Eine Gestalt liegt unter einem Baum und scheint zu schlafen. Vor ihm stehen drei Kelche. Hinter ihm, vor dem Himmel, steht ein vierter Kelch.

Deutung Alle Kelchkarten verweisen auf die emotionale Seite, auf die Kraft der Gefühle und Stimmungen. Auf dem Bild der Karte Kelch-4 wird allerdings eine Situation dargestellt, auf der Gefühle hinderlich sind, weil sie einschläfern. Es ist eine Situation der Sattheit, einer Reaktion auf die Ziffer VIER. VIER bedeutet ursprünglich Widerstand und Auseinandersetzung mit Materie. Wer sich dieser Aufforderung nicht stellt, sondern sich gehenläßt, verschläft neue Möglichkeiten. Die Kelch-4 hat keine eindeutige Aussage. Manchmal verkündet sie Schwierigkeiten für eine bestehende Beziehung beruflicher oder privater Natur. Dann wieder steht sie für einen heimlichen Wunsch nach etwas Neuem. In jedem Falle ist diese Karte eine Mahnung, bewußt und aufmerksam zu sein.

Management Sie sind selbstgefällig und bequem geworden. Ihr Unternehmen, Ihr Betrieb oder Ihre Arbeit dämmert dahin, Ihre Stelle gleicht dem Bett, in das Sie sich jeden Abend zurückziehen. Aber der Wunsch nach Erneuerung, Abwechslung und Expansion lebt noch in Ihren Träumen.

Finanzen und Investitionen Sie sollen handeln. Sie bekommen ein Angebot und bemerken nichts davon. Öffnen Sie die Augen. Greifen Sie nach den Chancen, die Ihnen geboten werden. Die Karte verweist häufig auf Erwerbsquellen, die man nicht wahrnimmt, oder auf Angebote, die man übergeht.

Bewerbungen und Gesuche Die Karte ist ungünstig für alle Vorhaben, also auch für Bewerbungen und Vorstellungen. Sollten Sie die Karte für ein bereits festgesetztes Vorstellungsgespräch aufdecken, ist es wichtig, daß Sie sehr klar, besonnen und wach auftreten, um Nachteile abzuwenden.

Kündigung Die Karte kündet Unheil. Achten Sie sehr sorgfältig darauf, was in Ihrer beruflichen Umgebung geschieht. Es ist vielleicht etwas im Busch, möglicherweise arbeitet man gegen Sie. Spielen Sie jetzt nicht den Narren, der auf einer rosaroten Wolke sitzt und träumt.

Verträge und Vereinbarungen Sie haben zu lange gewartet. Jetzt ist es zu spät. Diese Angelegenheit ist vertan. Warten Sie auf bessere Zeiten.

Risiken Wenn nichts geschieht, was Sie aufweckt und Ihnen die Augen öffnet, kommt Unheil über Sie.

Die anderen Neue Menschen möchten in Ihr Leben treten. Wann wachen Sie auf?

Außerberufliche Faktoren In manchen Fällen signalisiert die Karte Kelch-4 einen Seitensprung in einer Partnerschaft. Besonders, wenn die Karte verkehrt, das heißt auf dem Kopf stehend, aufgedeckt wird, ist häufig mit einer bevorstehenden unangenehmen Veränderung zu rechnen.

Kelch-5

Enttäuschung

Aussage Schmerz. Trennung. Verlust. Enttäuschung. Der Anfang vom Ende. Chancen für einen Neubeginn.

Bild Eine Gestalt in gebeugter, trauernder Haltung steht vor drei umgestoßenen Kelchen, aus denen eine Flüssigkeit fließt. Vor und hinter ihr steht jeweils ein aufrechter Kelch. Am Horizont ist der abnehmende Mond zu erkennen.

Deutung Wie alle Kelchkarten verweist auch Kelch-5 auf die rezeptive, gefühlshafte Seite des Menschen. Hier wird das Gefühl der Trauer, des Schmerzes, der Betrübtheit und der Melancholie ausgedrückt. In der Logik der Zahlen gilt die Ziffer FÜNF auch als eine schicksalhafte Folge der VIER. Wer die Aufforderung durch die VIER versäumt, trägt mit der FÜNF die Folgen. Die Kelch-5 bedeutet die Veränderung einer beruflichen beziehungsweise privaten Beziehung. Oft signalisiert sie sogar den Anfang vom Ende. Die beiden aufrechten Kelche signalisieren allerdings auch eine Chance, sich zu öffnen und einen vertrauensvollen Neubeginn, eine neue tragfähigere Beziehung aufzubauen.

Management Sie haben sich vertan. Die Chancen sind verspielt. Sie haben zu lange gewartet. Jetzt hilft Ihnen allerhöchstens ein Neuanfang weiter. Auf die bisherige Art und Weise gibt es kein Gelingen. Wenn Sie weiterhin untätig der Situation zusehen, wird sie sich verschlechtern. Häufig ist die Karte eine Mahnung. Sie nimmt die Zukunft vorweg. Dies gilt besonders, wenn die Karte verkehrt, das heißt auf dem Kopf stehend, aufgedeckt wird.

Finanzen und Investitionen Sie haben sich verkalkuliert, vielleicht sogar falsch spekuliert. Das einzige, was Ihnen hilft, ist ein radikaler Neubeginn. Holen Sie Ihr Geld zurück.

Bewerbungen und Gesuche Möglicherweise bekommen Sie jetzt die Quittung für eine frühere Achtlosigkeit. Waren Sie selbstgefällig oder träge? Häufig entdeckt man den Wert einer Angelegenheit erst, wenn man sie verloren hat.

Kündigung Die Karte Kelch-5 steht oft direkt für eine Kündigung. Manchmal deutet sie diese Maßnahme an, bevor sie im Unternehmen auch nur gedacht werden kann. Die Karte ist daher immer auch eine Mahnung.

Verträge und Vereinbarungen Sie erleben eine Enttäuschung. Eine Abmachung hat sich nicht in Ihrem Sinne entwickelt. Suchen Sie die Gründe nicht bei anderen. Sie waren sich Ihrer selbst zu sicher und blind für die Zeichen der Zeit.

Risiken So wie der Mond täglich schmäler wird, schwinden auch Ihre Chancen auf eine günstige Wende. Handeln Sie rasch.

Die anderen Was Sie von anderen bekommen, ist nur Ihr eigenes Echo.

Außerberufliche Faktoren Die Karte Kelch-5 signalisiert oft die Wende in einer Beziehung. »Honeymoon is over.«

Kelch-6

Erinnerung

Kelch-6

Aussage Regression. Das Kind im Erwachsenen. Sich an seine Kindheit erinnern. Ein neuer Anfang. Sich in der Vergangenheit verlieren.

Bild Auf einer Straße, die von sechs Kelchen eingerahmt ist, spielt ein kleines Kind mit einem Spielzeugauto. Die Stimmung ist eigenartig entfremdet.

Deutung Sämtliche Kelchkarten verweisen auf das Urelement Wasser und damit auf Gefühl, Stimmung, Empfindung, Verinnerlichung. Hier werden regressive, kindliche Gefühle dargestellt. Die Ziffer SECHS folgt der Zahl FÜNF und bietet die Möglichkeit, was auf der Stufe der VIER versäumt wurde, durch Aktivität wieder zurückzugewinnen. Das Kind, das in jedem erwachsenen Menschen steckt, ist immer bereit für ein neues Spiel. Es ist aber auch möglich, daß man sich in seiner Kindheit verliert, sich dort eine Traumwelt vorstellt, die es so nie gegeben hat. Besonders wenn die Karte verkehrt, das heißt auf dem Kopf stehend, aufgedeckt wird, ist sie als Mahnung zu verstehen, sich mit dem Hier und Jetzt zu beschäftigen und nicht mit einer Traumwelt.

Management Sie bekommen die Chance für einen echten Neuanfang. Sie müssen allerdings Ihrerseits auch bereit dafür sein. Vergessen Sie alles, was Sie wissen, vergessen Sie Ihre Erfahrungen, beginnen Sie wie ein unschuldiges Kind zu experimentieren und zu spielen. Gelingen erfolgt aus der Kraft des Kindlichen, Verspielten, Unschuldigen.

Finanzen und Investitionen Finden Sie eine neue Beziehung zu dem Menschen, der Sie enttäuscht hat. Möglicherweise stehen Sie in einer Gehaltsverhandlung. Dann versuchen Sie, etwas herauszuschlagen, noch einmal ganz von vorne.

Bewerbungen und Gesuche Betonen Sie, daß Sie bereit sind, von vorne anzufangen. Heben Sie Ihre frische und unverbrauchte Energie hervor. Geben Sie sich als Anfänger und nicht als erfahrener Profi.

Kündigung Gelingen und Heil! Ihre Kündigung steht unter allerbesten Aussichten. Jeder Neuanfang ist im Moment besser als der alte Trott.

Verträge und Vereinbarungen Alles, was verhandelt und abgemacht wurde, ist im Moment unwichtig. Beginnen Sie von vorne. Denken Sie alles noch einmal durch. Versuchen Sie dabei, so frisch wie möglich an die Sache heranzugehen.

Risiken Vielleicht sind Sie ein alter Hase. Aber im Moment galoppieren Sie mit Ihrer ganzen Erfahrung in die falsche Richtung. Entweder Sie übergeben Jüngeren die Führung, oder Sie werden selber wieder jung.

Die anderen Halten Sie nach jungen und innovativen Menschen Ausschau. Sie brauchen im Moment Anregungen.

Außerberufliche Faktoren Die Karte spiegelt oft den Neubeginn in einer Beziehung.

Kelch-7

Traum

Aussage Schöpferkraft. Fantasie. Ungeahnte Möglichkeiten. Kraft des Unbewußten. Aber auch: Einbildung. Trug. Flucht aus der Wirklichkeit. Rausch. Emotionale Intelligenz.

Bild Sieben Kelche schweben über den Wolken. In jedem dieser Kelche befinden sich Attribute, die Reichtum, Wohlstand oder Glück signalisieren: ein Schloß, Schmuck, ein Lorbeerkranz, die Schlange der Weisheit, die Maske der Verstellung.

Deutung Wie jede Kelchkarte symbolisiert auch die Kelch-7 das Urelement Wasser und somit Gefühl, Sein statt Tun, Empfinden statt Handeln. Die Ziffer SIEBEN ist die Zahl der Magie und der unbegrenzten Möglichkeiten. In der Fantasie existieren Räume, die unerschöpflich sind.

Die Deutung der Karte ist so vieldeutig wie die Darstellung selbst. Sie fordert dazu auf, in der Fantasie einen Weg zur Lösung zu finden. Besonders Künstler verweist die Karte auf ihr schöpferisches Potential. Genauso kann sie aber auch eine Welt aus Schall und Rauch bedeuten. Man muß also bei der Interpretation der Kelch-7 behutsam sein und eventuell andere Karten zur Unterstreichung einer bestimmten Deutung heranziehen.

Management Die Kraft eines Neubeginns liegt in der Kraft der Fantasie. Ziehen Sie sich zurück, suchen Sie einen Raum, in dem Sie träumen können, entspannen Sie sich. Lassen Sie alle Ideen und Vorstellungen aufsteigen, kontrollieren Sie nichts. Lassen Sie Ihre Seele baumeln. Denken Sie weit und grenzenlos.

Bevor Sie allerdings irgend etwas in die Tat umsetzen, sollten Sie sehr gründlich recherchieren.

Im modernen Management bekommt emotionale Intelligenz ein immer größeres Gewicht, da man die Grenzen der Logik und des rationalen Verstandes kennt. Die Karte Kelch-7 ist eine direkte Aufforderung, sich durch diese emotionale Intelligenz neue Möglichkeiten zu eröffnen.

Finanzen und Investitionen Vorsicht heißt die Mutter der Porzellankiste. Sie haben Ideen, Sie erkennen überall großartige Möglichkeiten, aber dies alles zu realisieren ist ein langer Weg. Bevor Sie Geld ausgeben, sollten Sie es daher sehr gründlich überdenken.

Bewerbungen und Gesuche Sie leben ein wenig über den Wolken. Ihre Ideen sind noch nicht konkret genug. Dennoch ist die Zeit wichtig, in der Sie gerade sind: Sie entdecken neue Möglichkeiten.

Kündigung Bevor Sie mit Ihren Kündigungsabsichten zu Ihrem Chef gehen, sollten Sie mit einer neutralen Person Ihre Gründe genau durchsprechen. Es besteht die Gefahr, daß Sie die Wirklichkeit verkennen.

Verträge und Vereinbarungen In Ihren Gedanken ruht Kraft. Fantasie ist der Schlüssel zum Gelingen. Die Zeit klarer Absprachen und Abmachungen ist noch nicht gekommen.

Risiken Luftschlösser sind manchmal der Anfang zu einem wirklichen Schloß. Aber wer beides nicht auseinanderhält, ist ein Narr.

Die anderen Die anderen sind im Moment sehr wichtig, um Ihnen bei der Überprüfung Ihrer Ideen und Fantasien zur Seite zu stehen.

Außerberufliche Faktoren Die Karte signalisiert manchmal den Wunsch nach beziehungsweise den Traum von einer erfüllten Liebesbeziehung.

Kelch-8

Abschied

Aussage Abschied. Trennung. Kündigung. Verzicht. Neubeginn. Die Suche nach neuen Ufern. Der Wunsch nach einem echten, existentiellen Neubeginn.

Bild Eine Gestalt, eingehüllt in einen Mantel und mit einem Wanderstab, entfernt sich auf einem Weg. Sie verläßt acht aufrecht stehende Kelche. Im Hintergrund erkennt man einen schmalen abnehmenden Mond.

Deutung Kelchkarten symbolisieren das Urelement Wasser und damit dic rezeptive Seite des Menschen. Die Ziffer ACHT wiederum bedeutet Polarität plus Widerstand. Die Karte verweist auf einen existentiellen Abschied und damit auch Neubeginn. Aus beruflicher Sicht handelt es sich dabei um eine Trennung von einem bestimmten Amt, einer Position oder Firma.

Management Sie haben sich erfüllt, und Sie haben gemerkt, daß Sie erstarren, wenn Sie nicht aus der Routine ausbrechen. Heil liegt in einem neuen Anfang. Sie benötigen eine schöpferische Pause, einen Umweg, eine Weiterbildung, damit Sie in der Routine nicht untergehen. Zu Recht sind Sie unzufrieden mit dem, was Sie erreicht haben. Ihr Weg führt Sie aus Sicherheit und Routine, aber das Ziel ist größer als dies: Sie suchen Erfüllung.

Finanzen und Investitionen Scheuen Sie keine Anstrengung und kein Geld, um aus eingefahrenen Gleisen herauszukommen. Investieren Sie in Weiterbildung. Machen Sie eine schöpferische Pause. Fahren Sie in den Urlaub. Nehmen Sie sich Zeit.

Bewerbungen und Gesuche Sie setzen möglicherweise auf das falsche Pferd. Die Karte Kelch-8 regt an, sich nach einer neuen Idee, einer neuen Stelle umzusehen. Drehen Sie sich um. Schauen Sie in eine neue Richtung, bevor es zu spät ist.

Kündigung Kelch-8 steht häufig für eine Kündigung. Selbst wenn Sie gar nicht daran denken, kann diese Karte die Zukunft spiegeln. Sie sollten daher Ihre berufliche Situation sehr aufmerksam beobachten.

Verträge und Vereinbarungen Lösen Sie sich aus alten Vereinbarungen. Verträge haben jetzt höchstens einen hinderlichen Einfluß. Beenden Sie Abhängigkeitsverhältnisse. Seien Sie offen für Neues. Schauen Sie sich in Ihrer Branche um. Denken Sie ruhig auch in ganz neue Richtungen.

Risiken Die Mondsichel ist schmal geworden. Bald ist sie ganz am Himmel verschwunden. Nehmen Sie das als Zeichen dafür, daß Sie handeln müssen und eingeschlagene Wege verlassen sollten. Jeder Neuanfang ist jetzt besser als der alte Trott.

Die anderen Die anderen sind im Moment der bequeme Hafen, von dem Sie sich entfernen müssen. Ihr Weg führt Sie in eine neue Richtung, zu neuen Menschen und vielleicht zu neuen Freunden.

Außerberufliche Faktoren Die Karte signalisiert häufig das Ende einer bestehenden Partnerschaft. Es ist aber auch möglich, daß sie auf eine immer noch nicht vollständig abgeschlossene Beziehung hinweist.

Kelch-9

Ansehen

Kelch-9

Aussage Zuversicht. Gesundheit. Zufriedenheit. Lohn für Ihre Mühe. Sich sehen lassen können. Öffentliche Anerkennung. Ruhm.

Bild Aufgereiht auf einem weißen Tisch befinden sich neun Kelche und ein Siegeskranz.

Deutung Sämtliche Kelchkarten symbolisieren das Urelement Wasser und damit die Kraft des Fühlens. Die Ziffer NEUN wiederum ist eine dreifach stabile Zahl (DREI mal DREI). So signalisiert das Bild Gelingen, Sieg, Triumph, öffentliches Ansehen und Ruhm.

Management Glück, Gelingen und Heil stehen über Ihrem Tun. Wenn Sie offen und großherzig auftreten, trägt Sie die Kraft des günstigen Schicksals bis an die Spitze. Sie sind dazu bestimmt, andere zu führen. Weil Sie Ihr Herz nicht verleugnen, erhalten Sie die Zuneigung vieler Herzen.

Finanzen und Investitionen Geld macht nicht glücklich. Es ist umgekehrt. Wenn Sie glücklich sind, sind Sie reich, und das Geld strömt zu Ihnen.

Bewerbungen und Gesuche Sie haben alles, was benötigt wird. Streichen Sie Ihre menschlichen Qualitäten heraus. Ihr fachliches Wissen ist sekundär. Wichtig ist, daß Sie sich ein offenes Herz bewahren.

Kündigung Im Licht dieser Karte ist eine Kündigung immer eine Beförderung. Mit anderen Worten, wenn Sie jetzt von Ihrer bisherigen Arbeitsstelle weggehen, können Sie reicher und zufriedener werden.

Verträge und Vereinbarungen Ihre Verträge und Vereinbarungen sind gut und werden eingehalten. Sie haben viel zu bieten und werden reich beschenkt. Achten Sie nur darauf, daß Sie Ihr offenes Herz nicht verlieren.

Risiken Über anderen zu stehen, anderen ein Vorbild zu sein, bringt Heil. Aber über den anderen zu thronen und sie ob ihrer niedrigen Position nicht zu achten und auszulachen, bringt Schaden.

Die anderen Andere Menschen sind Ihnen verbunden. Achten Sie ihre Nähe, mißbrauchen Sie ihre Gefühle nicht.

Außerberufliche Faktoren Die Karte Kelch-9 signalisiert oft eine glückliche Wende in einer partnerschaftlichen Auseinandersetzung.

Kelch-10

Zufriedenheit

Kelch-10

Aussage Freude. Ein Fest. Vollendung. Sie sind angekommen. Sie sind zu Hause. Sie finden Anerkennung und öffentliche Bestätigung.

Bild Auf einem großen Regenbogen stehen zehn Kelche.

Deutung Sämtliche Kelchkarten symbolisieren das Urelement Wasser und damit Gefühl, innere Erfahrung und innere Sicherheit. Die Ziffer ZEHN wiederum bedeutet Abschluß und Erfüllung. Die Karte bedeutet daher eine Ankunft in Zufriedenheit. Nicht außen ist der Ort, den man gefunden hat, sondern im Inneren, genau so, wie man das Ende des Regenbogens niemals findet. Die Karte verweist auf alle Glücksumstände des Lebens.

Management Großartig ist der Lohn für Ihr offenes Herz. Weil Sie Ihrem Beruf Ihr Glück und Ihre Liebe geben, bekommen Sie alles zehnfach zurück. Die Saat der Liebe ist aufgegangen. Sie haben viel mehr erreicht, als Sie je zu hoffen wagten. Und Sie wissen, daß Ihnen das Glück, das Sie in Ihrem Inneren finden, niemand nehmen kann.

Finanzen und Investitionen Ein Märchen erzählt, daß sich am Ende eines jeden Regenbogens ein Eimer mit Gold befindet. Das Geheimnis jedoch ist, daß nur derjenige fündig wird, der sich ein offenes Herz bewahrt, der bereit ist, seinen Schatz zu teilen: mit seiner Familie, seinen Freunden, mit allen Menschen ... Wer hingegen nur an seinen eigenen Wohlstand denkt, erreicht nie das Ende des Regenbogens.

Bewerbungen und Gesuche Sie sind glücklich, nichts kann Ihnen passieren. Vertrauen Sie dem Glück des Augenblickes. Setzen Sie alles auf eine Karte. Sie werden erfolgreich sein. Streichen Sie in Ihrer Bewerbung Ihre Offenheit und Ihre Bereitschaft für Zusammenarbeit heraus.

Kündigung Der Regenbogen verkündet einen neuen Anfang. Ihre Kündigung steht unter allerbesten Voraussichten.

Verträge und Vereinbarungen Der Regenbogen verbindet Sie mit allen Menschen, mit denen Sie geschäftlich und beruflich zu tun haben. Heil und Gelingen stehen über Ihren Abmachungen. Sie können vertrauen und das Leben genießen.

Risiken Das Glück ist wie ein Regenbogen, flüchtig, unbestimmbar, nie zu halten. Manche Menschen fürchten es daher, weil sie wissen, daß es vergänglich ist. Sie sehen nicht einmal den Regenbogen.

Die anderen Betrachten Sie sich und die anderen in Ihrem Unternehmen wie eine große Familie, in der jeder um des anderen Wohl besorgt ist.

Außerberufliche Faktoren Die Karte Kelch-10 verweist häufig auf eine glückliche Fügung im zwischenmenschlichen, insbesondere partnerschaftlichen Bereich.

Schwert-As

Entscheidung

Schwert-As

Aussage Die Kraft klarer Gedanken. Entscheidung. Erkenntnis. Aber auch Verhärtung. Verkopfung. Streitlust. Rechthaberei.

Bild Ein Schwert, das mit einer Krone versehen ist, füllt das ganze Bild aus.

Deutung Das Schwert ist das Symbol für das Urelement Luft, seine psychologische Entsprechung ist der menschliche Verstand. Dieser Verstand kann wie ein Schwert schneiden, trennen, verletzen, aber auch die Wahrheit verkünden. Durch die Kraft des Verstandes erhebt sich der Mensch über seine animalische Natur. Er kann erkennen. Damit wird er aber auch in sich selbst gespalten: Er reflektiert über sich, ist Subjekt und Objekt zugleich und verliert damit seine paradiesische Einheit und Unschuld. Die Ziffer EINS oder das As verkörpert wieder das Eine, in dem alles ist. Mit der Gabe des Geistes läßt sich sowohl die Wahrheit finden, als sie auch bekämpfen. Der Verstand besitzt – genau wie das Schwert – zwei Seiten.

Management Gebrauchen Sie Ihren Verstand. Setzen Sie Ihre grauen Gehirnzellen ein. Wenn Sie etwas nicht verstehen, dann verschaffen Sie sich den nötigen Durchblick. Wenn Sie über andere entscheiden, ist wichtig, daß Sie klar und neutral urteilen. Ein Schwert kann verletzen, und genauso ist es mit Entscheidungen und Beurteilungen.

Finanzen und Investitionen Sie haben es in der Hand, ob Sie reich werden oder nicht. Aber wenn Sie sich für mehr Geld entscheiden, dann müssen Sie wissen, daß Sie sich damit auch für all das entscheiden, was mit Geld unlösbar verbunden ist: Glanz, Ansehen, Wohlstand – aber auch Angst vor Verlust, Gier und Neid.

Bewerbungen und Gesuche Sie sollten klar und entschieden auftreten. Sie sollten zeigen, daß Sie Verantwortung übernehmen können. Und es ist wichtig, daß Sie Ihre Lebenserfahrung ins Spiel bringen. Ihre Bewerbungen und Vorstellungen stehen unter einem günstigen Stern.

Kündigung Spielen Sie nicht mit dem Feuer. Wenn Sie sicher sind, daß Sie Ihre Stelle kündigen wollen, dann ist jetzt der richtige Zeitpunkt, eine klare Entscheidung zu treffen. Aber bedenken Sie auch, daß allein Ihre Gedanken, dem Beruf den Rücken kehren zu wollen, auf die Dauer ein entsprechendes Echo nach sich ziehen werden.

Verträge und Vereinbarungen Das Schwert kündet ein günstiges Klima für alle Entscheidungen und Verträge an. Wichtig ist, daß Sie erkennen, daß jeder Vertragsabschluß zwei Seiten hat. Sie gewinnen Sicherheit, und Sie verlieren Ihre Freiheit. Sie bekommen Macht oder Geld, und Sie werden in die Pflicht genommen.

Risiken Das Schwert verschafft Ihnen Macht, aber es bürdet Ihnen große Verantwortung auf.

Die anderen Niemand kann Ihnen Ihre Entscheidung abnehmen, und Sie können niemand anderen für Ihre Entscheidung verantwortlich machen. Trotzdem ist es im Moment ratsam, Ihre Freunde, Ihre Familie, Ihre Bekannten in einen Entscheidungsprozeß mit einzubeziehen.

Außerberufliche Faktoren Das Schwert-As deutet auf sämtliche wichtigen Entscheidungen im Leben eines Menschen hin.

Schwert-2

Zweifel

Aussage Zweifel. Zweifelhafte Situation. Quälende Entscheidungsunfähigkeit. Selbstschutz. Angst vor Verletzlichkeit.

Bild Eine Frau mit verbundenen Augen hält die Arme verschränkt vor ihrer Brust. Jede Hand umfaßt ein Schwert.

Deutung Sämtliche Schwertkarten symbolisieren das Urelement Luft, das im Tarot als Kraft, aber auch als Last des menschlichen Verstandes gedeutet und dargestellt wird. Die Ziffer ZWEI wiederum beinhaltet Polarität und daher sowohl Zweifel als auch Verzweiflung. Die Karte spiegelt einen Zustand, in dem der Verstand in Dunkelheit (die Frau kann nicht sehen) gefangen ist und sich nicht entscheiden kann – oder sich auch nicht entscheiden will. Vielleicht weil der Gedanke der Dualität noch nicht verstanden ist. Vielleicht, um möglichen Angriffen vorzubeugen oder um Unsicherheit und Unkenntnis vorzubeugen.

Management Unheil steht über Ihrem Tun. Eine verfahrene Situation zwingt Sie zum Innehalten. Sie brauchen Mut und Vertrauen, um die Augen zu öffnen, damit Sie klar sehen und entscheiden können. Oder ist es nur eine Hinhaltetaktik, die Sie veranlaßt, sich nicht zu entscheiden? So oder so, letztlich schaden Sie sich nur selbst, denn Sie verzichten auf die Kraft Ihres Geistes. Sie übernehmen keine Verantwortung, und Sie überlassen die Entscheidung anderen.

Finanzen und Investitionen Geld regiert die Welt – und Geld ruiniert sie auch. Das ist das Gesetz. Also spielen Sie nicht den Engel, der damit nichts zu tun haben will.

Bewerbungen und Gesuche Unheil und Mißgunst stehen über allem Tun, das auf eine neue Stelle hin ausgerichtet ist. Sie sind sich selbst noch nicht im klaren, was Sie möchten. Wenn Sie sich jetzt um eine neue Stelle bewerben, würden Sie Ihre Unklarheit in jede neue Beschäftigung mitnehmen.

Kündigung Selbst wenn Sie sich tief verletzt oder ungerecht behandelt fühlen, ist eine Entscheidung jetzt zu früh und führt keine Besserung Ihrer Situation herbei. Warten Sie ab.

Verträge und Vereinbarungen Sie zögern. Ihre Situation ist unklar. Sie stellen sich blind, um nicht falsch zu urteilen. Aber vergessen Sie nicht: Solange Sie mit verbundenen Augen vor einer falschen Entscheidung davonlaufen, treffen Sie auch keine richtige. Öffnen Sie Ihre Augen.

Risiken Sie wirken hilflos. Aber Sie sind es nicht. Auch in gebändigtem Zustand sind Ihre Gedanken am Arbeiten. Erkennen Sie daher Ihre Stärke in der Schwäche. Sie verletzen sich und andere, indem Sie zögern, sich zu entscheiden.

Die anderen Die anderen erscheinen Ihnen im Moment bedrohlich. Sie glauben, sich vor ihnen schützen zu müssen. Aber Ihr Schutz ist ebenfalls bedrohlich.

Außerberufliche Faktoren Die Schwert-2 beinhaltet ganz generell eine schwierige Entscheidungssituation, auch in einer Partnerschaft.

Schwert-3

Kummer

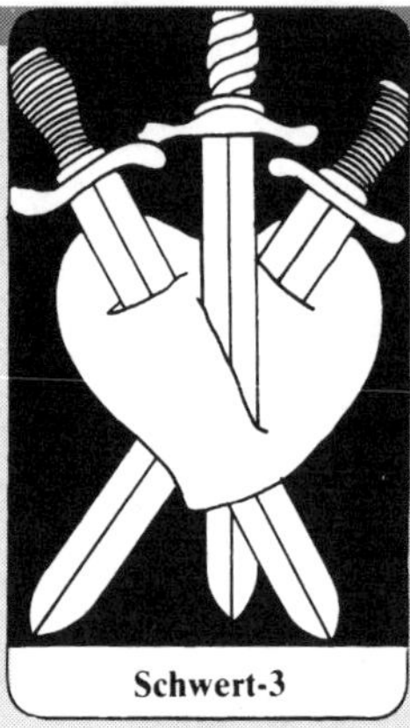

Aussage Trauma. Existentielle Enttäuschung. Tiefe Verletzung. Trennung. Kündigung. Schmerz.

Bild Ein Herz wird von drei Schwertern durchbohrt.

Deutung Sämtliche Schwertkarten symbolisieren das Urelement Luft, das im Tarot als Kraft, aber auch als Last des menschlichen Geistes verstanden und dargestellt wird. Die Ziffer DREI wiederum steht für Festigkeit und Stabilität. Die Karte Schwert-3 zeigt daher den Zustand tiefer und absoluter Verurteilung. Es ist keine physische Gewalt, die verletzt und schmerzt, sondern eine geistige: Der Verstand in seiner Unmäßigkeit hat zugeschlagen.

Symbolisch steht das durchbohrte Herz für Leid, seelische Krisen und inneren Tod. Oft verweist die Karte auch auf alte Verletzungen, die nicht völlig aufgearbeitet sind. Taucht die Karte auf, ist es wichtig, den Schmerz anzunehmen und somit die Dynamik der Selbstverurteilung zu beenden.

Management Sie durchleben eine Krise. Sie müssen eine Niederlage verarbeiten. Wichtig ist, daß Sie sich selbst nicht verurteilen und den positiven Kräften vertrauen. Oft ist eine Niederlage die Folge einer früheren Schuld oder eines früheren Versagens. Aber das bedeutet nicht, daß etwas wirklich vertan oder verloren ist. Sie erhalten eine neue Chance, alles nochmals zu überdenken und entsprechend Ihrer jetzigen Einsichten und Möglichkeiten zu handeln.

Finanzen und Investitionen Sie haben sich verkalkuliert und müssen eine finanzielle Niederlage verkraften.

Bewerbungen und Gesuche Wenn Sie das erwartet, was auf der Karte Schwert-3 abgebildet ist – ein dreifach durchbohrtes Herz –, ist der Ausgang der Verhandlung völlig klar: eine Niederlage.

Kündigung Im Licht der Schwert-3 ist eine Kündigung immer eine kindische Entscheidung, weil Sie glauben, daß jemand anderes – der ungerechte Chef, das grausame Schicksal – Sie schikaniert. Aber Sie sind es selbst. Was hilft Ihnen da die Kündigung?

Verträge und Vereinbarungen Die Karte spiegelt einen negativen Ausgang von Absprachen. Sie werden mit Ihrer Angst konfrontiert: vor Verlust, Niederlage, Ruin. Lassen Sie sich Zeit, warten Sie ab, bis Ihre innere Kraft und Sicherheit zurückgekehrt ist.

Risiken Solange Sie die Ursache Ihrer Probleme im Äußeren suchen und beseitigen wollen, leisten Sie immer nur Stückwerk. Die Schwert-3 spiegelt Ihre Härte sich selbst und dem Leben gegenüber. Sie ist kein Ausdruck der Härte und Grausamkeit des Lebens Ihnen gegenüber.

Die anderen Die anderen scheinen zwar die Ursache Ihrer Verletzungen zu sein, aber in Wirklichkeit sind sie nur das Echo Ihrer eigenen unbewußten Absichten. Es ist wichtig, daß Sie sich und die geheime Magie der Gedanken besser erkennen.

Außerberufliche Faktoren Die Karte Schwert-3 steht häufig auch für Liebeskummer, Trennungen und Eifersucht in zwischenmenschlichen Beziehungen.

Schwert-4

Ohnmacht

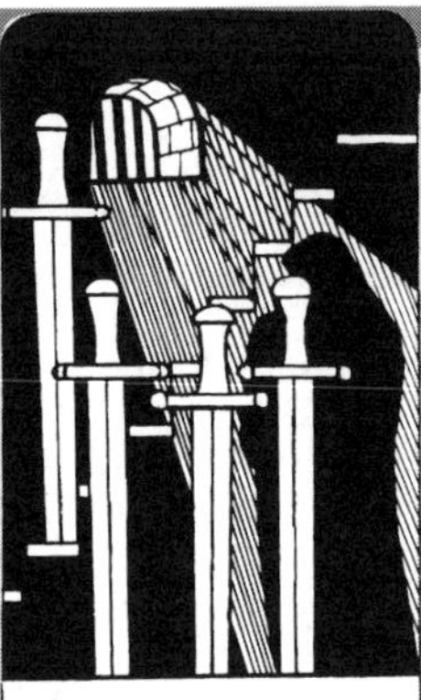

Schwert-4

Aussage Ohnmacht. Rückzug von der Außenwelt. Verzicht. Opfer. Verzweiflung. Innerer Tod. Selbstverurteilung. Depression. Leid.

Bild Eine düstere Gestalt befindet sich in einer dunklen, gefängnisartigen Gruft. Sie ist umringt von vier Schwertern.

Deutung Die Schwertkarten symbolisieren das Urelement Luft, das im Tarot als Kraft, aber auch als Last des menschlichen Geistes verstanden und dargestellt wird. Auf der Schwert-4 ist die Kraft des Geistes erschöpft und verliert sich im Schattenreich dunkler Gedanken. Die Schwerter sind stumpf geworden, verletzen nur noch das eigene Ich.

Management Sie haben sich in Ihrem eigenen Gefängnis verloren. Irgendeine Instanz Ihres Seins hat Sie verurteilt. Ihr Gewissen läßt Sie leiden. Vielleicht waren Sie zu ungestüm. Vielleicht haben Sie einen Fehler gemacht. Vielleicht sind Sie im Konkurrenzkampf unterlegen. Jedenfalls werden Sie dafür bestraft – und Sie selbst sind der Richter.

Finanzen und Investitionen Wenn Sie Geld und materiellem Wohlstand so viel Macht über Ihr Leben einräumen, ist es kein Wunder, daß Sie bei einem Verlust in eine schwere Krise fallen.

Bewerbungen und Gesuche Die Angst des Versagens hat Sie im Griff. Irgendein vergangenes Schicksal hat Sie überwältigt. Ihre Angst kommt nicht aus dem Hier und Jetzt, sondern aus weiter, weiter Vergangenheit. Versuchen Sie nicht, sie zu bekämpfen, warten Sie, bis in Ihnen von selbst neue Kräfte aufsteigen.

Kündigung Unheil liegt über Ihrer Arbeitssituation. Sie verurteilen sich selbst. Sie spielen das Opfer in einem grausamen Spiel. Warten Sie, bis das Tarot Ihnen eine bessere Situation signalisiert.

Verträge und Vereinbarungen Sie sind kleinmütig und trauen sich selbst zu wenig zu. Sie haben Ihre Kraft verloren. Ungünstig ist es, unter solchen Umständen Verträge abschließen und Abmachungen eingehen zu wollen. Die Karte ist eine Warnung.

Risiken Sich zurückzuziehen, durch das Leid zu gehen, ist richtig und wichtig. Diese Situation aber festzuhalten, einen Gewinn aus ihr zu holen, bringt Unheil und führt zu Depression und Lebensverweigerung.

Die anderen Die anderen sind eine Außenwelt, zu der Sie im Moment nicht gehören. Sie haben sich ausgegrenzt. Das Gefängnis sind Ihre eigenen Gedanken.

Außerberufliche Faktoren Die Karte Schwert-4 spiegelt generell eine Selbstbestrafung mit der Hoffnung auf Läuterung und Erlösung. Sehr häufig ist sie eine Reaktion des Ichs auf Trennung von einem Partner.

Schwert-5

Kampf

Aussage Gemeinheit und Hinterlist. Beleidigung. Verrat. Arroganz des Intellekts. Gier nach Reichtum, Macht und Geld. Größenwahn.

Bild Drei geharnischte Kämpfer sind in einen Kampf verwickelt. Einer scheint geschlagen und kniet nieder. Ein anderer scheint sich mit den Schwertern der anderen zu bereichern. Ein dritter greift an.

Deutung Die Schwertkarten symbolisieren das Urelement Luft, das im Tarot als Kraft, aber auch als Last und Zügellosigkeit des menschlichen Geistes verstanden und dargestellt wird. Auf der Karte Schwert-5 ist die Gier des menschlichen Verstandes ausgedrückt. Die Karte steht für den Willen zur Eroberung und nach Expansion. Sie verkörpert das Verlangen nach Reichtum, Ruhm und Macht. Wer dabei aber das Maß verliert, seine ihm innewohnenden Möglichkeiten überreizt, ruft die Mächte der Existenz und wird in einen Kampf verwickelt, den er nie gewinnen kann, der immer im Leid endet, wie alle Kriege aller Zeiten und alle egoistischen Expansionen der Geschichte.

Management Sie wollten zuviel, und Sie kämpfen jetzt einen Kampf mit Ihren eigenen Grenzen. Sie haben Ihre Mitte verloren. Selbstbesinnung allein führt weiter.

Finanzen und Investitionen Die Karte spiegelt Ihre Gedanken. Ihr Kopf führt einen großen Kampf gegen die Existenz – und daher auch gegen andere Menschen, Kollegen, Konkurrenten der ganzen Geschäftswelt. Worum es geht? Darum, daß Sie nicht zufrieden sind mit dem, was Sie haben!

Bewerbungen und Gesuche Sie sehen sich als Krieger, der eine Schlacht gewinnen will. In Wirklichkeit bekämpfen Sie Ihre eigene Angst zu versagen. Es droht Unheil, wenn Sie mit dieser Einstellung ein Vorstellungsgespräch beginnen.

Kündigung Im Licht der Schwert-5 ist eine Kündigung immer eine Kriegserklärung an den Arbeitgeber. Es geht nicht um Recht, sondern um Rache. Aus der Logik dieser Karte gibt es aber nur Verlierer.

Verträge und Vereinbarungen Unterlassen Sie auch den leisesten Versuch, durch eine Absprache andere übervorteilen zu wollen. Seien Sie aber auch umgekehrt auf der Hut, daß Sie nicht übervorteilt werden. Wenn Sie unsicher sind, besprechen Sie Ihre Abmachung mit einer neutralen Person.

Risiken Jeder Kampf, jede Auseinandersetzung ist letztlich ein Ringen mit den eigenen Projektionen. Dies nicht zu erkennen, macht den Gegner immer größer und mächtiger.

Die anderen Aus Ihrer Sicht sind die anderen Konkurrenten und Gegner. In Wirklichkeit sind sie Ihre eigenen Projektionen.

Außerberufliche Faktoren Die Karte Schwert-5 spiegelt immer eine Situation erbitterten Ringens. Das kann auch eine Auseinandersetzung im Familien-, Partner- oder Freundeskreis sein.

Schwert-6

Scheinfrieden

Schwert-6

Aussage Ein Friedensangebot. Ein Konflikt soll aus der Welt geschafft werden. Eine Veränderung, die nicht unbedingt etwas verändert. Ein neuer Lebensabschnitt, der das Alte in sich trägt. Eine Reise über das (große) Wasser, mit neuen Hoffnungen und alten Ängsten. Opferhaltung.

Bild Eine verhüllte Gestalt sitzt in einem Boot, das auf dem Wasser treibt. Sechs gewaltige Schwerter stecken im Bootsleib. Es entsteht der Eindruck, als wollte die Gestalt die Schwerter aus der Welt schaffen, hinausfahren aufs offene Meer, um sie dort zu versenken.

Deutung Die Schwerter im Tarot sind ein Ausdruck der Zügellosigkeit des Verstandes und seiner Gier nach immer mehr: mehr Geld, mehr Macht, mehr Sicherheit, mehr Ruhm … Notwendigerweise prallen die Menschen mit ihrem Ansinnen aufeinander. Um einen Kampf und eine mögliche Niederlage zu vermeiden, zieht sich der eine scheinbar zurück, bietet einen taktischen Frieden an. Aber wie sieht das Friedensangebot aus? Treiben die Schwerter das Boot nicht auf den Abgrund zu? Das Bild spiegelt auch die Farce aller Abrüstungsbeschlüsse, nach denen immer noch genügend Waffen übrig bleiben, um die Welt zigfach vernichten zu können.

Management Sie müssen sich zurückziehen, klein beigeben, ein Friedensangebot machen. Den Kampf weiterzuführen bringt Unheil. Aber auch der Friede ist noch lange nicht sicher. In

Ihrem Inneren triumphiert weiter die Zügellosigkeit des menschlichen Geistes und der Wunsch, über den anderen zu thronen.

Finanzen und Investitionen Ein taktischer Rückzug ist das mindeste, was von Ihnen verlangt wird. Auf längere Sicht ist es jedoch wichtig, Ihre unbewußte Einstellung zum Geld aufzuarbeiten.

Bewerbungen und Gesuche Sie treten als Verlierer auf. Sie verstecken Ihre Stärken, um die anderen nicht zu provozieren. Trotzdem ist es mehr als fraglich, ob Ihre Taktik aufgehen wird.

Kündigung Sie gehen als Verlierer. Aber Sie sind voller Groll, den Sie mit in Ihre nächste Arbeitsstelle nehmen. Es wäre besser, wenn Sie die ganze Angelegenheit mit einer neutralen Person durchsprechen würden, bevor Sie sich endgültig entscheiden.

Verträge und Vereinbarungen Unheil! Selbst Ihre kleinste Hoffnung wird sich später als Trugschluß erweisen. Lassen Sie die Finger von jeder Unterschrift, und versprechen Sie nichts. Vor allem seien Sie vorsichtig gegenüber irgendwelchen Angeboten.

Risiken Ein Friedensangebot, das auf einem taktischen Kalkül beruht, wird früher oder später immer entlarvt.

Die anderen Die anderen sind Konkurrenten, die Ihnen im Moment überlegen sind.

Außerberufliche Faktoren Die Karte Schwert-6 spiegelt häufig ein Durchgangsstadium in einer zwischenmenschlichen Auseinandersetzung. Sie stellt den Versuch dar, einen ›Beziehungskrieg‹ zu beenden.

Schwert-7

List

Schwert-7

Aussage List. Erfindung. Schläue. Vorübergehende Überlegenheit. Konzentration auf das Wesentliche.

Bild Ein Krieger trägt fünf Schwerter mit sich fort. Es sieht so aus, als ob damit die gegnerische Seite besiegt sei. Zwei Schwerter bleiben zurück.

Deutung Die Schwertkarten symbolisieren das Urelement Luft, das im Tarot als Kraft, aber auch als Last und Zügellosigkeit des menschlichen Verstandes begriffen und dargestellt wird. Die Bündelung der Schwerter auf den Schultern des Kriegers bedeutet Gelingen durch Konzentration und Klarheit. Die zurückbleibenden beiden Schwerter jedoch spiegeln den Zweifel. Ob dieser Kampf wirklich zu Ende ist? Aus der latenten Konkurrenz und Kampfbereitschaft, die durch die beiden verbleibenden Schwerter ausgedrückt wird, resultiert Unheil und Angst. Es ist kein Sieg errungen, und auch der Friede ist nicht hergestellt.

Management Sie tun gut daran, sich auf das Wesentliche zu beschränken. Es ist auch wichtig, daß Sie die Argumente Ihrer Konkurrenten kennen. Unheil könnte entstehen, weil Sie sich selbst nicht ganz sicher sind, was Sie wollen. Definieren Sie Ihre Ziele genauer.

Finanzen und Investitionen Sie glauben sich sämtlichen Konkurrenten um eine Nasenlänge voraus. In Wirklichkeit ist die entscheidende Auseinandersetzung noch nicht geführt. Freuen Sie sich nicht zu früh.

Bewerbungen und Gesuche Sie sind gut vorbereitet und wissen, worauf es ankommt. Sie kennen auch die Einstellung der Personalchefs. Jetzt ist es wichtig, daß Sie auch die letzten Zweifel ausräumen, daß Sie der Richtige für diesen Job sind.

Kündigung Ihre Kündigung ist ein Akt der Klugheit, ein taktisches Manöver. Aber in Wirklichkeit sind Sie nicht sicher, ob Sie wirklich diese Stelle verlassen sollen.

Verträge und Vereinbarungen Die Karte spiegelt einen Vorteil für eine Vertragspartei wider. Dieser Vorteil ist nicht unbedingt das Ergebnis sauberer Mittel und fairer Auseinandersetzungen. Er könnte sich daher später als ein Bumerang für denjenigen erweisen, der im Moment im Vorteil ist. Noch wichtiger aber ist, für welche Vertragspartei die Karte aufgedeckt wird. Steht sie gegen Sie, müssen Sie vor Täuschungen auf der Hut sein.

Risiken Ihre finanzielle Situation bessert sich, auch wenn berechtigte Zweifel bleiben, ob diese Tendenz anhalten wird. Beobachten Sie sehr genau den Geldmarkt und Ihr persönliches Konto.

Die anderen Vorsicht! Sie neigen im Moment dazu, die anderen zu unterschätzen. Das könnte sich noch als ein großer Fehler erweisen.

Außerberufliche Faktoren Die Schwert-7 zeigt ganz generell eine Situation, in der es um Übervorteilung und List geht.

Schwert-8

Demütigung

Schwert-8

Aussage Opfer. Demütigung. Schande. Verrat. Verleumdung. Selbstbestrafung. Denunzierung. Unterwerfung. Verurteilung. Demonstration von Hilflosigkeit. Versteckte und verdrängte Lust.

Bild Eine Frau mit gebundenen Händen und verbundenen Augen steht inmitten von acht großen Schwertern.

Deutung Die Schwertkarten symbolisieren das Urelement Luft, das im Tarot als Kraft, aber auch als Last und Zügellosigkeit des menschlichen Geistes verstanden und dargestellt wird. Die Darstellung auf der Karte Schwert-8 zeigt eine Demonstration von Leid. Die Frau ist zwar gebunden, aber in einer Art und Weise, daß sie sich jederzeit befreien könnte. So zeigt die Schwert-8 die bewußte oder unbewußte Absicht, sich hilfloser zu geben, als man in Wirklichkeit ist. Dem Verstand scheint Selbstbestrafung und Unterwerfung immer noch lieber zu sein, als sich mit den Konsequenzen des eigenen Verhaltens auseinanderzusetzen.

Management Sie sind wie ein Kind, das annimmt, einer Bestrafung zu entgehen, wenn es nur richtig schreie. Wovor haben Sie Angst? Was kann Ihnen denn geschehen? Aber vielleicht ist es ja auch als eine kluge List gedacht, sozusagen ein Damenopfer, um dadurch noch mehr zu gewinnen. Besser wäre es, darüber zu reden, daß Sie vielleicht überfordert sind. Daß Sie vielleicht eine Pause benötigen. Oder daß Sie überhaupt diesen Posten aufgeben sollten.

Finanzen und Investitionen Sie sind überfordert, Sie haben Angst. Aber anstatt darüber zu reden, werden Sie krank und hilflos.

Bewerbungen und Gesuche Über Ihrem Vorhaben steht Unheil. Versuchen Sie herauszufinden, was Sie zu dieser unbewußten oder latenten Opferhaltung veranlassen könnte.

Kündigung Die Kündigung ist das Resultat Ihrer eigenen Gedanken und Fantasien. Vielleicht weil Sie sich selbst bestrafen wollen, vielleicht weil für Sie Leid die einzige Waffe darstellt, haben Sie die Opferrolle gewählt.

Verträge und Vereinbarungen Im Licht dieser Karte einen Vertrag zu unterschreiben grenzt an Masochismus oder entspringt einer unbewußten Opferhaltung.

Risiken Eine Opferhaltung, die zur Gewohnheit wird, nennt man Masochismus.

Die anderen Versuchen Sie, in den anderen nicht nur die Täter und in sich selbst nur das Opfer zu sehen, sondern drehen Sie dieses Spiel einmal um.

Außerberufliche Faktoren Die Schwert-8 spiegelt häufig ein heraufbeschworenes Unheil, eine Art ›self-fulfilling prophecy‹ wider. Manchmal muß man sogar davon ausgehen, daß die Karte auf eine frühere Existenz verweist, in der man ein Opfer war.

Schwert-9

Verzweiflung

Aussage Alptraum. Wahnvorstellung. Verzweiflung. Selbstbeschuldigung. Qual über einen Mißerfolg oder über falsches Verhalten. Märtyrertum. Leidvolle Selbstdarstellung.

Bild Ein Mensch hält sich in tiefer Verzweiflung und Angst die Hände vor sein Gesicht. Im Hintergrund sieht man neun große, drohende Schwerter. Auf dem Bett liegt eine weiße Rose.

Deutung Die Schwertkarten symbolisieren das Urelement Luft, das im Tarot als Kraft, aber auch als Last des menschlichen Geistes verstanden und dargestellt wird. Die Last beruht darauf, daß der Verstand grenzenlos und egoistisch ist und danach strebt, Macht und Reichtum zu erlangen. Die Schwerter sind ein Ausdruck dieser expansiven Gewalt. Wo es um Macht geht, ist Ohnmacht nur die andere Seite, nämlich die des Verlierers. Hinter der Angst und Ohnmacht des Menschen auf der Karte Schwert-9 versteckt sich ein aggressives und egoistisches Expansionsgehabe.

Management Die Aufgabe, die Sie sich vorgenommen haben, wächst Ihnen über Ihren Kopf, wird zum Alptraum, der Sie nächtens verfolgt. Wichtig ist, daß Sie die Augen öffnen und hinter dem Gespinst der Angst Ihre eigenen Machtansprüche erkennen.

Finanzen und Investitionen Wer viel will, kann viel verlieren. Entdecken Sie, daß hinter Ihrer Existenzangst und hinter Ihrer Angst vor dem Ruin sich Ihr Wunsch nach Macht, Sicherheit und Reichtum verbirgt.

Bewerbungen und Gesuche Sie sind klein, hilflos und schwach, weil Sie Lieblosigkeit und Mißachtung befürchten. Durchschauen Sie Ihre Angst. Dahinter verbergen sich Machtansprüche.

Kündigung Eine Stelle, die einen bis tief in die Nacht hinein mit schlechten Träumen quält, muß man kündigen.

Verträge und Vereinbarungen Über Ihrem Vorhaben steht Unheil. Weil Sie Angst haben, sich zu übernehmen, nehmen Sie Ihr mögliches Versagen in schlechten Träumen vorweg. Unter solchen Umständen ist ein neuer Vertrag der Anfang vom Ende.

Risiken Angst ist die Folge von Schuld und bleibt so lange bestehen, wie die Schuld nicht durch entsprechende Taten abgetragen ist.

Die anderen In Ihrem Angsttraum sind die anderen eine verschworene Masse, die sich gegen Sie gerichtet hat. Aber Sie vergessen dabei, daß Sie es waren, der sich von den anderen abgewandt hat.

Außerberufliche Faktoren Die Karte Schwert-9 spiegelt oft allgemeine Situationen der Angst, insbesondere die Angst vor Trennung von einem geliebten Menschen.

Schwert-10

Ruin

Aussage Ruin. Katastrophe. Schrekken. Grausamkeit. Ende. Das Äußerste, was man ertragen kann. Festgenagelt sein. Überfall. Bedrohung. Das Ende des Tunnels. Eine Chance zur Umkehr. Neue Hoffnung.

Bild Eine Gestalt liegt hingestreckt auf der Erde. In ihrem Körper stecken zehn Schwerter. Am Horizont geht die Sonne auf.

Deutung Die Schwertkarten symbolisieren das Urelement Luft, das im Tarot als Kraft, aber auch als Last und Zügellosigkeit des menschlichen Geistes verstanden und dargestellt wird. Die Schwert-10 ist dabei das grausame Finale. Diese Karte deutet auf keinen physischen oder materiellen Ruin hin. Sie spiegelt vielmehr einen inneren Zustand wider. Es ist die Situation eines Menschen, der sich in der Welt der Schwerter, und damit der Welt der Wünsche und Begierden, verloren hat. Jedes Schwert ist Ausdruck seiner Gier nach mehr Macht, Geld, Ansehen, Sicherheit… Das Ego zerbricht buchstäblich an dem, was es selbst hervorgebracht hat. Durch diesen Zusammenbruch findet der Mensch zurück auf die Erde, wird einsichtig und kann mit der aufgehenden Sonne einen neuen, stimmigeren Weg einschlagen.

Management Sie sind am Ende mit Ihrem Latein. Sie wollen zuviel, jetzt geht überhaupt nichts mehr. Ein neuer Tag beginnt, und auch Sie können Ihr Leben neu gestalten. Die Befreiung liegt in der Einsicht, daß Sie nicht das Opfer sind. Jedes Schwert ist ein Zeichen Ihrer Entfernung von sich selbst und den Ihnen innewohnenden Möglichkeiten. Gelingen liegt im Sichbescheiden. Heil erwächst aus Demut und Dankbarkeit.

Finanzen und Investitionen Sie sind verwirrt, das Schicksal schickt Sie in eine Reinigungsphase. Sie werden hart angefaßt, weil Sie sich selbst grob vernachlässigt haben. Lassen Sie die Finger von Geldgeschäften.

Bewerbungen und Gesuche Würden Sie einen Menschen einstellen, der sich selbst nicht wichtig nimmt? Aber genau das umschreibt Ihre Situation. Sie haben sich vernachlässigt.

Kündigung Wenn Sie mit dieser Karte kündigen, schleppen Sie unerledigte Dinge in die neue Stelle hinüber. Klären Sie zuerst Ihre momentane Situation.

Verträge und Vereinbarungen Das Potential der Zerstörung ist im Moment größer als das des Aufbauens. Verträge, die Sie unter diesen Vorzeichen abschließen, tragen den Keim der Vernichtung immer in sich. Der einzige Vertrag, den Sie abschließen können, ist ein Bündnis mit Ihrer eigenen Wahrhaftigkeit und Gewissenhaftigkeit. Alles andere gleicht einem Pakt mit dem Teufel.

Risiken Leid und Kummer sind erschreckend. Aber trostlos werden sie erst, wenn die Hoffnungslosigkeit sich zu ihnen gesellt.

Die anderen Die anderen sind nicht voller Schadenfreude über Ihre Niederlage, sondern nehmen an Ihrem Schmerz teil. Kehren Sie zurück in die Gemeinschaft, die Sie trägt.

Außerberufliche Faktoren Die Schwert-10 kann sämtliche schicksalhaften leidvollen Verstrickungen und Erfahrungen im Erleben eines Menschen spiegeln.

Stern-As

Erfüllung

Aussage Glück. Äußerer wie innerer Reichtum. Gütiges Schicksal. Erfüllung.

Bild Eine Münze mit einem eingravierten Pentagramm schwebt über den Wolken.

Deutung Die Pentagramm- oder Fünfsternkarten stehen im Tarot für das Urelement Erde. Letztendlich ist damit unser Erdball genauso gemeint wie unsere physische Existenz. Das Tarot verkündet einen sinnhaften, liebevollen und dankbaren Umgang mit der ›Mutter Erde‹ und dem ›Tempel Leib‹. Das Erdelement verweist auf das respektvolle Dienen, auf bewußten Umgang, auf Wissen, Weisheit und Erfüllung. Jedes Lebewesen besitzt Gaben und Fähigkeiten, die es entwickeln will. Und jedem Wesen obliegen Aufgaben, die es zu erfüllen gilt. Das Stern-As erinnert den Menschen daran, daß er nicht losgelöst ist von einer höheren Ordnung. Die Karte steht für das Glück und die Gnade, an dieser höheren Bestimmung in Freude teilhaben zu können.

Management Über Ihrem Tun stehen Gelingen, Glück und Reichtum. Zunächst ist damit äußerer Reichtum gemeint, also Geld und Besitz. Aber genauso wichtig ist Ihr innerer Reichtum wie Wissen, Glück, Zufriedenheit und Freude. Gemäß der geheimnisvollen Logik des Tarot sollen sich innerer und äußerer Reichtum entsprechen. Wenn Sie mit sich im Einvernehmen leben, dann werden Sie auch im Äußeren das finden, was Sie glücklich macht. Äußerer Reichtum ohne die richtige innere Einstellung macht nicht glücklich, sondern ängstlich, gierig und überheblich. Achten Sie daher bei Ihrem Tun darauf, daß Sie sich selbst treu bleiben und Ihre innere Stimme, Ihr Gewissen nicht überhören.

Finanzen und Investitionen Über Ihren Geldgeschäften wacht der weiße Adler des Glücks. Sie werden Ihren Wohlstand vermehren. Verlangen Sie nicht mehr, als Ihnen zusteht, und geben Sie nicht weniger, als gerecht ist.

Bewerbungen und Gesuche Gehen Sie Ihr Vorhaben mit dem Gefühl an, daß Sie erfolgreich sein werden. Aber lassen Sie auch erkennen, daß Sie dankbar sein können.

Kündigung Eine bessere Karte für den Abschluß einer alten und den Beginn einer neuen Stelle gibt es kaum. Sie werden Ihre alte Stelle ohne Groll verlassen und mit den Erfahrungen, die Sie gemacht haben, eine neue Karriere beginnen.

Verträge und Vereinbarungen Das Glück begleitet Sie. Die Zeit für Abmachungen jeglicher Art ist bestens. Sie können nur gewinnen.

Risiken Im Licht des Stern-As gibt es kein Risiko und keine Vorbehalte. Vertrauen Sie auf die Gunst der Stunde!

Die anderen Die andern sind Freunde und nicht Konkurrenten. Sie können sich auf sie verlassen.

Außerberufliche Faktoren Das Stern-As spiegelt große Zufriedenheit in allen menschlichen Bereichen.

Stern-2

Gelassenheit

Stern-2

Aussage Der spielerische Umgang mit einer Entscheidung. Eine Sache von geringer Bedeutung. Eine Bagatelle. Das eine ist wie das andere. Sorglosigkeit. Ein einfaches Leben. Heiterkeit. »Lachen ist die beste Medizin.«

Bild Ein als Narr oder Clown verkleideter Mensch jongliert mit zwei Pentakel-Scheiben.

Deutung Die Pentakel- oder Sternkarten symbolisieren das Urelement Erde und damit den Umgang mit den Belangen des Lebens. Die Ziffer ZWEI wiederum steht für Unentschiedenheit, aber auch Gleichheit von Dingen. Wer im Einklang mit seiner inneren Natur lebt, ist glücklich, zufrieden und heiter. Er entwickelt eine entspannte Beziehung zum Leben, wird zum Lebenskünstler, zum Jongleur, der mit den Aufgaben und Möglichkeiten des Seins spielerisch umgeht. Dann ergibt sich das eine wie das andere, und man wird erlöst vom quälenden Zustand der Unentschiedenheit und Wertigkeit. Man nimmt die Dinge wie sie kommen. Man erkennt, daß letztendlich das eine genauso wichtig ist wie das andere. Man bewertet nicht und ist ein glücklicher Mensch.

Management Entspannen Sie sich, begegnen Sie dem Leben spielerisch. Selbst wichtige und verantwortungsvolle Dinge erledigen sich leichter, wenn Sie nicht dramatisieren, sondern lächeln.

Finanzen und Investitionen Verbissenheit bei Ihren Geldgeschäften bringt im Moment gar nichts. Geld an sich ist nichts, Papier, Metall. Was Sie suchen, ist das Glück, von dem Sie glauben, daß man es mit Geld kaufen kann. Ob diese Rechnung je aufgeht?

Bewerbungen und Gesuche Sie können eine Menge. Sie wissen eine Menge. Aber im Moment kommt es darauf an, daß Sie nicht festgelegt sind. Flexibilität und Anpassung bringen Gelingen. Starrsinn schadet.

Kündigung Diese Stelle oder jene Stelle? Wichtig ist, daß Sie verstehen, daß Sie das Glück weder hier noch dort finden können, wenn Sie es nicht in sich tragen.

Verträge und Vereinbarungen Was immer kommt, ist richtig. Versteifen Sie sich nicht auf eine spezielle Festlegung oder Formulierung. Kein Vertrag kann Ihnen Glück oder Heiterkeit garantieren. Das kommt immer nur aus Ihnen selbst.

Risiken Haben Sie Angst, wie ein Clochard unter der Brücke zu enden, wenn Sie so weitermachen? Seien Sie bloß kein Narr!

Die anderen Wenn Sie über die anderen lachen, sind Sie selbstgefällig. Wenn die anderen über Sie lachen, sind Sie ein Narr. Wenn Sie über sich selbst lachen können, sind Sie weise.

Außerberufliche Faktoren Die Karte Stern-2 ist eine generelle Aufforderung, das Leben leicht und spielerisch zu nehmen.

Stern-3

Verwirklichung

Aussage Arbeit. Selbstverwirklichung durch Arbeit. Lebenswerk. Eine Aufgabe, die wichtiger ist als alles andere.

Bild In einem gotischen Kirchenfenster befinden sich drei Stern-Scheiben.

Deutung Die Sternkarten symbolisieren das Urelement Erde und damit den Umgang mit den Belangen des Lebens. Die Ziffer DREI wiederum bedeutet Festigkeit, Stärke, Wichtigkeit und Stabilität. Die Karte steht somit für eine bedeutsame Lebensaufgabe, den Beruf oder, noch besser, die Berufung eines Menschen. Wer seine Lebensaufgabe kennt, besitzt ein Fundament, das trägt und Sicherheit schenkt, Sinn und Richtung verleiht. Das Bild stellt einen Bezug zur mittelalterlichen Zunft der Freimaurer her. Als Gesellen- oder Meisterstück wurde oft die Ausführung eines Kirchenfensters verlangt. Dabei blieb der Künstler selbst im Hintergrund. Die Kirchenfenster tragen keine Namen. Auch für asiatische Künstler war es eine Selbstverständlichkeit, keinen Namen in ihren großartigen Kunstwerken zu hinterlassen. In ihrem Glauben ist ein Künstler ein Werkzeug Gottes und daher als Individuum unbedeutend.

Management Was immer Sie tun, es ist richtig für Sie. Sie stehen in einer wichtigen Lebensphase. Sie verwirklichen sich. Sie sind Teil eines größeren Ganzen. Heil liegt in der Bescheidenheit.

Finanzen und Investitionen Investieren Sie Ihr Geld dort, wo es nicht nur Ihrem Eigenstreben nützt. Machen Sie sich nützlich durch eine Spende. Entziehen Sie Ihr Geld solchen Menschen, die nur an Gewinn und Vermehrung interessiert sind.

Bewerbungen und Gesuche Betonen Sie Ihre Jovialität, Ihren Teamgeist, Ihre Bereitschaft der Zugehörigkeit zu einem größeren Ganzen.

Kündigung Sie haben den richtigen Schritt gewählt. Ihre Kündigung ist der Anfang einer langen Reise zu Ihrer beruflichen Selbstverwirklichung.

Verträge und Vereinbarungen Die jetzt getroffenen Abmachungen sind fest wie ein Fels und währen bis in alle Ewigkeit.

Risiken Wer sein Ich zurücknimmt und unter ein größeres Ganzes stellt, muß achtgeben, daß er damit sein Ego nicht noch viel größer aufbläht.

Die anderen Mit anderen verbindet Sie eine Art Bruderschaft.

Außerberufliche Faktoren Die Karte verweist grundsätzlich auf einen wichtigen Schritt im Leben eines Menschen, beispielsweise den Beginn einer Lehre, Ausbildung, Therapie, Partnerschaft.

Stern-4

Status

Stern-4

Aussage Statusdenken. Materielle Fixierung. Sicherheit und Routine. Wohlstand.

Bild Eine reich gekleidete Person hält drei Sterne in ihren Armen. Ein vierter Stern krönt das Haupt. Eine dichte Mauer schließt den Hintergrund ab.

Deutung Die Sternkarten symbolisieren das Urelement Erde und damit den Umgang mit den Belangen des Lebens. Die Ziffer VIER ist eine problematische Zahl. Sie ist einerseits harmonisch (Quadrat), andererseits abgeschlossen, statisch und ›tot‹. Auf der Stern-4 überwiegt der statische Charakter. Die drei Sterne in den Armen des Menschen bedeuten greifbare Wirklichkeit, Status und Sicherheit. Das Pentakel am Kopf drückt aus, daß sogar das Denken sich um nichts anderes mehr dreht als um materielle Sicherheit, Wohlstand und Status.

Management Sie haben eine Position erreicht und möchten diesen Status nicht mehr verlieren. Sie fürchten das Risiko und hängen an dem, was Sie haben. Aber Ihre Logik ist falsch. Die Zahl VIER ist ein Hinweis für Stagnation. Man kann nichts festhalten. Das Leben ist ein Prozeß, ein ständiges Geben und Nehmen. Wer losläßt, kann wieder neu zugreifen. Wer gibt, bekommt zurück.

Finanzen und Investitionen Ihre Identität beruht auf Ihrem Wohlstand, Ihrem Reichtum, Ihrem Geld. Jetzt müssen Sie über

Ihren Besitz wachen, weil mit jeder Mark, die verlorengeht, ein Stück Ihrer Identität schwindet.

Bewerbungen und Gesuche Sie erwecken den Eindruck, daß Sie nichts geben, sondern nur verlangen und festhalten. Schauen Sie in sich hinein, bis Sie Ihre tiefe Angst vor Verlust entdecken.

Kündigung Wenn Sie jetzt kündigen, springen Sie über Ihren eigenen Schatten der Angst. Sie schlagen einen sehr unbequemen Weg ein, aber über Ihrem Entschluß steht Gelingen.

Verträge und Vereinbarungen Sie sind möglicherweise zu sehr daran interessiert, optimale finanzielle Bedingungen herauszuschlagen. Der Vertrag ist Ihnen wichtiger als das, was er eigentlich beinhaltet, nämlich eine Tätigkeit oder ein Produkt.

Risiken Geld macht nicht glücklich, sondern abhängig.

Die anderen Sie haben eine Mauer um sich gebaut, um sich zu schützen. Wundern Sie sich also nicht, wenn die anderen weit von Ihnen abgerückt sind.

Außerberufliche Faktoren Die Karte Stern-4 verweist ganz generell auf Phasen der Stagnation. Damit kann der Beruf, die Partnerschaft oder die persönliche Entwicklung gemeint sein.

Stern-5

Mitgefühl

Stern-5

Aussage Armut. Elend. Verlust. Die Folgen von Mißachtung. Die Bitte an andere um Hilfe. Trost. Mitgefühl. Wirkliche Freunde.

Bild Ein verletzter Mann findet Trost bei einer Frau, die durch eine Haube als Helferin gekennzeichnet ist. Der Mann ist auch seelisch belastet, denn es fließen Tränen über sein Gesicht. Über den beiden stehen fünf Pentakel-Scheiben.

Deutung Die Sternkarten symbolisieren das Urelement Erde. Die Ziffer FÜNF wiederum steht für die Belange des menschlichen Lebens: Glück und Unglück, Reichtum und Armut. Das Tarot bezieht sich auf eine universelle Liebe, die mit universeller Weisheit einhergeht. Es bedeutet, daß der Wissende Unwissenden hilft, der Reiche den Armen unterstützt und der Gesunde dem Kranken beisteht.

Management Sie sind aufgefordert zu geben. Man appelliert an Ihr Mitgefühl. Strenge ist jetzt völlig fehl am Platz. Es kann aber auch sein, daß Sie die Position des Bittstellers einnehmen. Dann ist es wichtig, daß Sie Ihre Schwere und Ihr Leid zugeben und um Hilfe bitten. Wenn Sie sich verschließen, verschließen sich auch die anderen. Zeigen Sie in Ihrem Unternehmen mehr Mitgefühl. Arbeiten Sie für eine warmherzige und offene Atmosphäre.

Finanzen und Investitionen Jetzt ist der falsche Zeitpunkt, nur den eigenen Gewinn im Auge zu behalten. Sie werden aufgefordert, auch an die anderen zu denken. Sind Sie selbst in Not, dann können Sie getrost um Hilfe fragen.

Bewerbungen und Gesuche Statt sich groß herauszustreichen und Ihre Kompetenz in den Vordergrund zu rücken, sollten Sie Ihr Mitgefühl betonen.

Kündigung Für eine Kündigung ist es zu früh. Vielleicht wurden Sie verletzt. Möglicherweise geschah Ihnen Unrecht. Die Karte rät, den Schmerz zu zeigen und nicht stolz davonzulaufen.

Verträge und Vereinbarungen Großzügigkeit bringt Heil. Jemand wird Ihnen voller Wohlwollen entgegentreten. Zeigen Sie sich umgekehrt dankbar und respektvoll.

Risiken Wenn Sie Ihr Mitgefühl auf die Seite schieben, werden Sie hart. Dann wird Ihnen auch Ihre Umwelt hart und kalt gegenübertreten. Genauso ist es mit der Hilfsbedürftigkeit. Wenn Sie Ihre Probleme oder Ihre Schwächen verbergen, kommt niemand auf den Gedanken, Ihnen beizustehen.

Die anderen Sie und die anderen sitzen im gleichen Boot. Nehmen Sie das Band wahr, das Sie alle verbindet. Es ist unwichtig, ob Sie reich oder arm, Mann oder Frau, schwarz oder weiß sind.

Außerberufliche Faktoren Die Stern-5 ist ein genereller Hinweis auf Situationen, in denen Mitgefühl wichtig ist.

Stern-6

Ausgleich

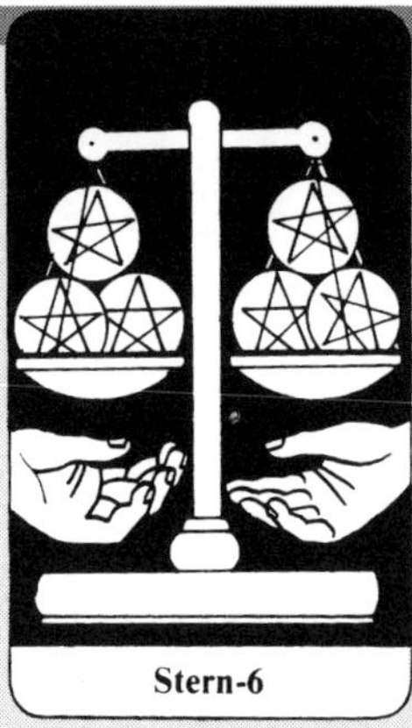

Aussage Die Gerechtigkeit des Schicksals. Karma. Schuld und Sühne. Aufforderung, von seinem Reichtum zu geben und zu teilen.

Bild Auf den beiden Schalen einer Waage befinden sich jeweils drei Sterne. Die Waage befindet sich im Gleichgewicht.

Deutung Die Sternkarten symbolisieren das Erd-Element, also den Umgang mit Arbeit und das Bewußtsein über die materielle Welt. Die Ziffer SECHS setzt sich aus der Ziffer ZWEI (sie beinhaltet Polarität und Ausgleich) und der Ziffer DREI (Stabilität) zusammen, denn 2 mal 3 ist 6. In Verbindung mit dem Erd-Element signalisiert die Ziffer SECHS daher, daß Stabilität durch Ausgleich erreicht wird. Man muß also geben, um Ruhe und Frieden zu finden. Die Karte zeigt den ›Ausgleich des Schicksals‹. Demjenigen, dem Unrecht geschehen ist, kündet die Karte Gerechtigkeit an. Und denjenigen, der selbst im Unrecht ist, erinnert sie an die ausgleichende Hand des Schicksals. Im Licht dieser Karte ist es daher ratsam, nach den Ursachen der momentanen Situation zu forschen. Manchmal liegen die Gründe sehr weit zurück. Sogar karmische Einflüsse früherer Leben können eine Rolle spielen.

Management Gerechtigkeit verspricht Gelingen, und Wiedergutmachung bringt Heil. Wägen Sie genau das Für und Wider ab, und entscheiden Sie weise. Es kann sein, daß Sie in die Situation kommen, ein Unrecht wiedergutzumachen. Dabei ist es nicht wichtig, ob Sie selbst Schuld tragen. Es geht um ein höheres Spiel der Kräfte, in der das Viel weiß, daß es geben muß, um das Wenig zu nähren.

Finanzen und Investitionen Zählen Sie Ihr Geld nicht, um herauszufinden, wieviel Sie haben, sondern wieviel Sie geben können. Das kann eine kleine Gabe an den nächsten Bettler oder eine großzügige Spende für einen gemeinnützigen Zweck sein. Wenn Sie jetzt nur ans Horten denken, werden Sie verlieren.

Bewerbungen und Gesuche Treten Sie bescheiden mit Ihren Forderungen und Wünschen an Ihre Vorgesetzten heran. Rechnen Sie mit einem ausgleichenden Schicksal. Sie werden genau soviel bekommen (an Geld, an Beförderung etc.), wie Sie aus den Augen des Schicksals verdienen. Sie müssen annehmen, was kommt.

Kündigung Eine Kündigung im jetzigen Moment ist lediglich die Konsequenz früherer Geschehnisse und Taten.

Verträge und Vereinbarungen Anstatt sich über die Konditionen in Ihrem Vertrag zu beschweren, sollten Sie im Moment davon ausgehen, daß Sie genau das bekommen, was Sie verdienen.

Risiken Geld ist Energie, und Energie ist Bewegung. Energie im Stillstand bedeutet Tod. Die Karte signalisiert für Ihre materielle Situation Stillstand, wenn Sie nicht teilen.

Die anderen Sie und alle anderen sind ein geheimnisvolles Ganzes. Betrachten Sie daher Ihren Wohlstand nicht losgelöst von der ökonomischen Situation der anderen dieser Welt.

Außerberufliche Faktoren Die Karte Stern-6 steht ganz allgemein für den gerechten Ausgleich des Schicksals.

Stern-7

Ernte

Stern-7

Aussage Eine Angelegenheit reift ohne weiteres Zutun. Eine Saat geht auf. Lohn und Ernte. Zeit der Ruhe und Versammlung. Kreative Pause. Warten auf Erfolg.

Bild An einem blühenden Strauch scheinen sieben Sterne zu wachsen.

Deutung Wenn das Feld bestellt ist, ist die meiste Arbeit getan. Der Gärtner kann ruhen, bis die Ernte reif ist. Die Ziffer SIEBEN ist eine geheimnisvolle und rätselhafte Zahl. Hier spiegelt sie das Wunder des Lebens: Wie ist es möglich, daß aus dem Samen eine Rose wird? Wie entsteht menschliches Leben?

Die Karte verkündet ein überraschendes Ergebnis, das aber irgendwann initiiert wurde. Sie rät aber auch zum Warten und erinnert daran, daß jetzt nichts mehr getan werden kann. Dann darf mit einem positiven Ausgang der Situation gerechnet werden. So kann die Karte auch eine Mahnung sein, die eigene Ungeduld zu bezähmen.

Management Sie haben getan, was getan werden mußte. Jetzt heißt es: »Alle Maschinen stop und sämtliche Aktivitäten einstellen!« Jedes Mehr ist nicht nur vergeblich, sondern sogar schädlich. Oder glauben Sie, daß eine Pflanze schneller wächst, wenn Sie sie an den Blättern ziehen? Genauso ist es jetzt um Ihr Tun bestellt. Es benötigt Zeit, Geduld, Beobachtung, Pflege. Entspannen Sie sich, und richten Sie Ihre Gedanken auf ein gutes Gelingen und eine reichliche Ernte. Verordnen Sie sich eine kreative Schaffenspause.

Finanzen und Investitionen Lassen Sie Ihr Geld ruhen, und unternehmen Sie nichts, um Ihren Gewinn zu vergrößern. Ihre finanzielle Situation wird sich verbessern, aber sie folgt dabei eigenen Gesetzen, die Sie nicht beeinflussen und schon gar nicht beschleunigen können.

Bewerbungen und Gesuche Sie verpassen nichts, wenn Sie den Stellenmarkt vergessen und um das Personalbüro einen Bogen machen. Genießen Sie heute den Tag, und mischen Sie morgen die Karten neu.

Kündigung Jetzt zu kündigen wäre vergleichbar damit, unreife Früchte zu ernten. Heil und Gelingen liegen im Warten.

Verträge und Vereinbarungen Warten Sie, bis die richtige Zeit gekommen ist, um Verbindlichkeiten einzugehen. Ihre berufliche Situation befindet sich in einem Entwicklungsstadium. Sie würden sich jetzt nur Möglichkeiten verbauen, die noch im Werden sind.

Risiken Nichtstun bedeutet Entwicklung und Expansion. Aktivität hingegen führt zu Stillstand und Verhinderung.

Die anderen Jeder Mensch, jedes Lebewesen, jedes Ding benötigt seine eigene Zeit, um sich zu vollenden.

Außerberufliche Faktoren Die Karte Stern-7 signalisiert ganz allgemein eine Zeit der Reife und des Wartens.

Stern-8

Routine

Stern-8

Aussage Eine wichtige Arbeit vorantreiben. Eine Lebensaufgabe. Erfüllung in der Arbeit. Mühsamer, aber lohnender Weg. Fleiß. Ausdauer. Jeder ist seines Glückes Schmied.

Bild Ein Handwerker bearbeitet Fünfsterne. Es sieht nach einer gleichbleibenden Tätigkeit aus.

Deutung Die Pentakel- oder Sternkarten symbolisieren das Urelement Erde und damit den Umgang mit den Belangen des Lebens. Die Ziffer ACHT (2 × 4) wiederum ergibt sich aus der ZWEI (Polarität, Reflexion und daraus folgend Bewußtsein) mal VIER (Materie, Tun). Im Zusammenhang mit dem Erd-Element bedeutet die ACHT, daß Bewußtheit aus beständigem Tun folgt oder daß die Arbeit das Bewußtsein formt. Erfolgreich zu sein ist schwer und verlangt mühsames Arbeiten. Die Karte erinnert an eine sich endlos wiederholende Tätigkeit. Außerdem ist die Karte eine Erinnerung, daß jeder sein Schicksal in seinen eigenen Händen trägt und beständig daran arbeitet.

Management Scheuen Sie keine Mühe, zählen Sie nicht Ihre Überstunden, arbeiten Sie auf Teufel komm raus. Ihr Business wächst mit Ihrem Einsatz. Sie sind Ihres eigenen Glückes Schmied. Steht die Karte für ein ganzes Unternehmen, so heißt es, alle Mitarbeiter zu motivieren, das Maximum herauszuholen.

Finanzen und Investitionen Sie sitzen auf einer Goldader. Was Ihre Hände anfassen, was Ihre grauen Zellen spinnen, wird zu Geld. Scheuen Sie daher keine Mühe, verschieben Sie Ihren Urlaub und den Feierabend. Stellen Sie Ihr Bett notfalls ins Büro, und lassen Sie Ihr Telefon keinen Augenblick unbewacht.

Bewerbungen und Gesuche Sie können Ihr Bewerbungsschreiben vervielfältigen und en masse verschicken. Die Zeit ist günstig, um in die Breite zu wirken und sämtliche Möglichkeiten auszuloten. Seien Sie nicht wählerisch, und nehmen Sie an, was kommt. Sammeln Sie sämtliche Möglichkeiten, und trennen Sie später die Spreu vom Weizen.

Kündigung Sie benötigen erst noch mehr Informationen, bevor Sie einen endgültigen Schlußstrich bei Ihrer bisherigen Arbeitsstelle ziehen. Sammeln Sie Informationen, studieren Sie den Stellenmarkt, sondieren Sie Ihre Möglichkeiten.

Verträge und Vereinbarungen Jetzt ist der richtige Moment, um an Verträgen und Formulierungen zu feilen. Beachten Sie vor allem das Kleingedruckte, und seien Sie spitzfindig wie ein Fuchs. Lassen Sie keine Möglichkeit außer acht.

Risiken Wird die Karte verkehrt, das heißt auf dem Kopf stehend aufgedeckt, signalisiert sie manchmal Stillstand und Erstarrung im Beruf.

Die anderen Vergleichen Sie sich nicht mit anderen. Vielleicht müssen Sie im Moment mehr arbeiten als der Rest der Welt zusammen.

Außerberufliche Faktoren Die Karte erinnert manchmal an Lebenszyklen, die sich ständig wiederholen.

Stern-9

Wunder

Stern-9

Aussage Erfolg. Lohn. Erfüllung. Überraschung. Schönheit und Vollendung. Eine Sache wendet sich zum Besten. Ein Wunschtraum, der sich erfüllt. Eine Zeit, das Leben zu feiern. »Wunder kommen von sich wundern.«

Bild Ein Pfau ist mit neun Sternen geschmückt.

Deutung Die Sternkarten symbolisieren das Urelement Erde und damit den Umgang mit den Belangen des Lebens. In der Ziffer NEUN wiederum ist die Zahl DREI dreimal enthalten. DREI bedeutet Stabilität und Festigkeit. Im Zusammenhang mit dem Erd-Element bedeutet die DREI daher beruflichen Erfolg und Gewinn, Erhabenheit und Sieg. Der Pfau gilt als Königstier, so daß mit einem wahrhaft üppigen Ergebnis gerechnet werden kann. Der Pfau ist aber auch ein Symbol des Wunderbaren, so daß die Karte auch für unerwartetes Glück steht. Manchmal erinnert die Karte jedoch auch daran, die eigenen Augen zu öffnen und das Wunder jedes einzelnen Augenblicks zu erkennen.

Management Ihrem beruflichen Erfolgsstreben ist eine anhaltende Glücksphase beschieden. Sie bekommen Angebote, der Handel und Ihr Geschäft florieren. Sie machen sich in Ihrer Branche einen Namen – kurz, Sie schwimmen auf einer Welle des Erfolgs. Das Schönste: Sie müssen sich nicht einmal groß anstrengen. Alles geschieht wie von selbst.

Finanzen und Investitionen Sie können mit einem äußerst günstigen Abschluß rechnen. Sie bekommen mehr Geld oder mehr

Aufträge, die sich bald in bare Münze verwandeln. Die Karte ist aber auch so zu verstehen, daß Sie das, was Sie haben und bekommen, nicht als selbstverständlich, sondern als ein Geschenk begreifen sollen.

Bewerbungen und Gesuche Seien Sie optimistisch, vertrauen Sie der Karte Stern-9. Sie werden die Stelle beziehungsweise die Gratifikation bekommen.

Kündigung Die Karte Stern-9 steht über einer Kündigung wie die aufgehende Morgenröte, die einen neuen herrlichen Tag verkündet.

Verträge und Vereinbarungen Es gibt kaum eine bessere Zeit für Absprachen. Vertrauen Sie, auch wenn das Ganze in Ihren Augen noch nicht perfekt scheint. Es wird sich zum Besten wenden.

Risiken Die Ziffer NEUN besitzt auf Grund ihrer Nähe zur ZEHN auch eine verhärtende Energie. Daher ist die Stern-9 bei aller Freude, die sie verkündet, auch eine Mahnung, (noch) nicht stehenzubleiben, sondern den letzten Stern zu suchen.

Die anderen Die anderen sind Freunde oder wohlgesonnene Kollegen, die an Ihrem Glück teilhaben.

Außerberufliche Faktoren Die Karte verkündet ganz allgemein eine Phase stabilen Glücks.

Stern-10

Vollendung

Aussage Vollendung einer langen Reise oder Suche. Günstige Zeit für neue Formen der Familie. Gemeinschaft. Gruppenleben.

Bild Eine Frau trägt eine Kette aus zehn Sternen.

Deutung Die Sternkarten symbolisieren das Urelement Erde und damit den Umgang mit den Belangen des Lebens. Die Ziffer ZEHN wiederum schließt den Kreis der magischen Sterne und erhöht damit die Zahl EINS. Der Mensch, der auf der Karte Stern-As die Gabe der Einsicht erhält, findet auf der Stern-10 eine Bestätigung. Er kann sich im Spiegel dieser Tarotkarte sicher wähnen, daß er die richtigen Schlüsse für sein Leben zieht.

Management Gelingen und Heil stehen über Ihren beruflichen Entscheidungen. Sie können sicher sein, daß Sie das Richtige tun und an Ihrer Berufung und Bestimmung arbeiten. Ihnen genügt es nicht, nur Geld zu verdienen oder erfolgreich zu sein: Sie wissen, daß Arbeit einen Prozeß der Selbstverwirklichung darstellt.

Die Karte verweist Sie auch auf andere Menschen, die wie Sie denken. Das können Ihre Arbeitskollegen oder Menschen sein, mit denen Sie aus Gründen geistiger Übereinstimmung (Verein, Club, Freundeskreis) zusammenkommen.

In jedem Fall ist Teamarbeit wichtig. In einer Gruppe gleichgesinnter Menschen finden Sie die Voraussetzungen für Wachstum und Erfolg.

Finanzen und Investitionen Geld an sich ist im Moment unwichtig. Viel bedeutsamer ist, eine sinnvolle Aufgabe für Ihr Geld zu haben. Umgekehrt können Sie sicher sein, daß Sie nicht mehr verdienen werden, solange Ihre Einstellung zu Geld und Reichtum nicht stimmig ist. Im Licht der Stern-10 ist mit Reichtum immer innerer und äußerer Reichtum gemeint. Das eine ohne das andere ist bedeutungslos.

Bewerbungen und Gesuche Sie stehen vor einer Wende in Ihrem beruflichen Leben. Sie werden mit seelisch verwandten Menschen zusammenarbeiten. Betonen Sie Ihre Bereitschaft, in einem Team zu arbeiten.

Kündigung Ihre Kündigung steht unter einem fabelhaften Stern. Sie haben das Richtige getan und erkannt, daß Ihre jetzige Stelle Ihr geistiges Wachstum einschränkt.

Verträge und Vereinbarungen Die Karte Stern-10 vergoldet Ihre Abmachungen.

Risiken Wer im Licht der Stern-10 einen persönlichen Vorteil über das Wohl des Ganzen oder der Gemeinschaft stellt, verliert an geistiger Fülle.

Die anderen Im Licht der Karte Stern-10 sind die anderen Freunde und Mitsuchende auf dem langen Weg der Selbstverwirklichung.

Außerberufliche Faktoren Die Karte weist auf Gleichgesinnte hin. Das kann auch eine therapeutische Gruppe oder eine Selbsterfahrungsgruppe sein. Manchmal spiegelt die Karte auch den Wunsch des Tarotspielers, in einer Gemeinschaft zu leben.

Die Hofkarten

Die Hofkarten vertreten die Akteure des Lebens. Sie verweisen auf reale Personen: auf den Chef, auf Kollegen, Freunde und Feinde. Die Hofkarten der Stäbe kennzeichnen Personen, die ihre vitale, männliche und aktive Seite betonen. Die Hofkarten der Kelche meinen eher empfindsame, weiche Menschen, die sich von ihren Gefühlen leiten lassen. Die Hofkarten der Schwerter verweisen auf Verstandesmenschen, die alles mit dem Kopf kontrollieren, und auf Kämpfernaturen, die rücksichtslos ihren eigenen Expansionsgelüsten nachgehen. Die Hofkarten der Sterne schließlich stehen für wissende und erfahrene Menschen. Sie sehen über den Augenblick hinaus und betrachten ihren Beruf weder als x-beliebigen Job noch als Bühne, auf der sie ihr Ego ausleben. Ihre Arbeit ist ihre Berufung, und sie folgen einem Ruf, einer Bestimmung, der sie als bewußte Wesen ausweist.

Einem König entspricht immer ein Mann und einer Königin stets eine Frau. Diese feste Zuweisung von König zu Mann und Königin zu Frau entstammt der Tarot-Tradition der Zigeuner und hat sich nach meinen Erfahrungen als sehr vorteilhaft erwiesen. Zieht z.B. ein männlicher Tarotspieler eine Königin, so stellt diese Karte nicht den Spieler selbst oder seine weibliche Seite dar, sondern eine Frau aus seinem Leben, die ihm sehr wichtig ist. Auch wenn der Spieler behaupten sollte, daß eine solche Frau gar nicht in seinem Leben existiere, muß man nachfragen und kann sich dabei ruhig auf das Tarot verlassen. In aller Regel taucht diese Frau plötzlich in der Erinnerung auf, war vielleicht eine frühere Kollegin oder eine Freundin, deren Trennung noch nicht völlig überwunden ist, oder eine weibliche Autoritätsperson, die im Zusammenhang mit der Frage eine wichtige Rolle spielt.

Die Karten der Ritter kennzeichnen Personen, die stark sind und sich für eine Sache einsetzen. Hat man einen Ritter zum Kollegen oder Freund, so kann man sich bedingungslos auf ihn verlassen. Die Ritter können männliche oder weibliche Personen widerspiegeln.

Die Pagen stehen für Menschen, die noch ›in die Schule gehen‹. Sie versuchen, ihr Element besser zu verstehen und zu beherrschen. Manchmal sind sie auch Überbringer wichtiger Botschaften oder stehen für Untergebene des Fragenden. Auch sie können männlich oder weiblich sein.

Allgemeine Aussagen

Die Hofkarten stehen immer für den Fragenden selbst oder für wichtige Personen im Leben des Fragenden.

DIE HOFKARTEN DER STÄBE: Feurige und aktive Personen.

DIE HOFKARTEN DER KELCHE: Empfindsame und gefühlvolle Menschen.

DIE HOFKARTEN DER SCHWERTER: Verstandesmenschen oder expansive, egoistische Personen.

DIE HOFKARTEN DER STERNE: Gereifte, erfahrene und wissende Menschen.

Übertragen auf berufliche Bereiche gelten folgende Deutungen:

DIE HOFKARTEN DER STÄBE: Menschen der Tat, die aktiv und expansiv handeln, auf Konkurrenz setzen und erfolgsmotiviert sind (Wirtschaft, Politik, Handel).

DIE HOFKARTEN DER KELCHE: Gefühlsmenschen, die rezeptiv vorgehen, sammeln und verwerten (Pädagogik, Psychologie, Medizin, Sozialarbeit, Kunst und Religion).

DIE HOFKARTEN DER SCHWERTER: Menschen mit kämpferischer, vorbehaltloser Expansionspolitik (Wirtschaft, Handel, Politik).

DIE HOFKARTEN DER STERNE: Menschen mit überpersönlichen Aufgaben und gesellschaftlicher Verantwortung (Politik, Beamtentum, öffentlich-rechtliche Bereiche, Menschenführung).

Die Stellung innerhalb eines Elementes wird folgendermaßen interpretiert:

DIE KÖNIGE: Männer. Der Fragende selbst, der Chef oder eine andere Autorität.

DIE KÖNIGINNEN: Frauen. Die Fragende selbst. Die Chefin oder eine andere Autorität.

DIE RITTER: Aktive und unternehmerische, dynamische Personen. Männer oder Frauen. Der oder die Fragende selbst oder joviale, treue und ergebene Mitarbeiter.

DIE PAGEN: Lernende. Boten. Untergebene. Der oder die Fragende selbst.

Stab-Page

Feuer

Der feurige Mitarbeiter
(untere Betriebsebene)

Stab-Page

Aussage Ein junger, aufgeschlossener, freiheitsliebender Kollege. Eine junge, dynamische Frau. Der Fragende selbst oder ein Kollege bzw. eine Kollegin, der/die ihm zugeneigt ist. Botschaften aus dem Reich des Feuers.

Bild Eine junge Frau oder ein junger Mann, reich gekleidet, hält einen Stab in der Hand.

Deutung Es handelt sich um eine Gestaltung aus dem Reich des Feuers und kann eine Frau oder ein Mann sein. Sie steht dem Fragenden zur Verfügung oder überbringt Botschaften. Manchmal ist der Page der Lernende, der Anfänger, der noch in die Schule oder in die Lehre geht. Steht er für den Fragenden selbst, wird dieser als lebendige, eifrige, dynamische und feurige Person gekennzeichnet.

Management Wenn die Karte für Sie als fragende Person steht: Sie sind lebendig und lebensfroh und schießen leicht über das Ziel hinaus. Sie werden ärgerlich, wenn man Sie einengen will. Sie brauchen Möglichkeiten, sich auszuleben und zu bestätigen. Am besten für Sie ist eine Arbeit, bei der Sie jeden erdenklichen Freiraum besitzen. Autoritätspersonen haben es nicht leicht mit Ihnen. Aber auch Untergebene bekommen ihre Probleme mit Ihnen: Sie sind unberechenbar und müssen vielleicht lernen, sich zu zügeln.

Wenn die Karte für eine andere Person steht: Sie können sich auf einen Kollegen oder eine Kollegin verlassen. Diese Person ist lernbegierig, sie ist am richtigen Arbeitsplatz, wenn sie nicht zu sehr gegängelt wird. Räumen Sie ihr soviel Freiraum wie möglich ein.

Wenn die Karte für eine Botschaft steht: Die Botschaften, die diese Karte benennt, entstammen dem Reich des Feuers. Sie verkünden Taten, verheißen Expansion und manchmal eine Reise. Sie überbringen auch Botschaften über eine neue Arbeitsmöglichkeit.

Finanzen und Investitionen Im Umgang mit Geld ist die durch den Stab-Pagen gekennzeichnete Person leichtfertig und naiv. Sie muß lernen, sich zu zügeln.

Bewerbungen und Gesuche Die durch diese Karte benannte Person ist eine lernende und soll diesen Grad auch deutlich zum Ausdruck bringen.

Kündigung Der durch die Karte gekennzeichnete Mensch spricht schnell eine Kündigung aus und nimmt sie genauso schnell wieder zurück oder bereut es später.

Verträge und Vereinbarungen Im Licht dieser Karte werden Abmachungen schnell, spontan und manchmal auch unüberlegt geschlossen.

Risiken Der Stab-Page und somit auch die Person, die durch ihn gekennzeichnet ist, schießt schnell über sein Ziel hinaus. Des weiteren ist er nicht sehr verbindlich. Er sagt heute dies und morgen jenes. Er beginnt Arbeiten und beendet sie nicht.

Die anderen Die anderen werden aus der Perspektive des Stab-Pagen sehr häufig als bremsend erlebt.

Außerberufliche Faktoren Die Karte signalisiert manchmal auch eine Botschaft, die eine Reise beinhaltet.

Stab-Ritter

Feuer

Der feurige Mitarbeiter
(mittlere Betriebsebene)

Stab-Ritter

Aussage Ein äußerst vitaler und lebensbejahender Angestellter und Kollege / eine powervolle Kollegin. Der Fragende selbst oder ein Mensch im Leben des Fragenden mit der Deutung dieser Karte. Ein Mitarbeiter, auf den man sich bedingungslos verlassen kann. Eine Person, die für einen durchs Feuer geht.

Bild Ein geharnischter Ritter mit offenem Visier reitet auf einem Pferd. Er hält einen Stab in der Hand.

Deutung Der Stab-Ritter gehört dem Feuerclan an und ist die vitalste Gestalt unter den Hofkarten. Er ist der Draufgänger, Kämpfer und Abenteurer, aber er kämpft nicht, um zu vernichten oder zu töten, sondern um seine Kräfte zu erproben und seinen Einflußbereich zu vergrößern. Alles, was das Leben attraktiver und lebendiger macht, lockt ihn. Er lebt nur seine männliche Seite. Freiheit und Unabhängigkeit sind ihm wichtiger als alles andere. Fühlt er sich eingeengt, wird er aufbrausend und wild. Am erfolgreichsten arbeitet er, wenn er selbständig ist. Seinen Vorgesetzten ist er treu ergeben.

Management Wenn die Karte für Sie als fragende Person steht: Sie gehören ins mittlere Management. Es genügt, Ihnen eine Aufgabe zu geben, und Sie sind sofort Feuer und Flamme und führen den Auftrag bedingungslos aus. Man kann sich auf Sie verlassen. Sie brauchen allerdings auch das Gefühl, selbständig arbeiten zu können.

Wenn die Karte für eine andere Person steht: Die Person, für die der Stab-Ritter steht, ist Ihnen treu ergeben. Sie können sich auf sie hundertprozentig verlassen. Sie schießt höchstens gelegentlich über das Ziel hinaus und braucht dann eine starke Hand. Aber versuchen Sie nicht, diese Person zu gängeln. Sie verliert sonst ihren Elan und ihre Arbeitsmotivation. Am besten setzen Sie diese Person im mittleren Management für selbständige Aufträge, aber unter Ihrer Führung ein. Manchmal benennt die Karte auch eine Person, die mit Ihnen konkurriert.

Finanzen und Investitionen Die Person, die die Karte Stab-Ritter kennzeichnet, geht sehr dynamisch und unüberlegt mit allen Geldangelegenheiten um. Es ist daher wichtig, sich zu zügeln. Unter Umständen betreibt sie auch den Gelderwerb als eine Art Sport und verliert dann den Bezug zu höherer Einsicht und Wirklichkeit.

Bewerbungen und Gesuche Die Person, die durch diese Karte bezeichnet wird, ist dynamisch und feurig. Sie kann selbständig arbeiten, braucht aber auch eine Führung, an der sie sich orientieren kann.

Kündigung Die Person, die der Stab-Ritter kennzeichnet, ist sehr emotional und spontan und kann im Handumdrehen eine Kündigung aussprechen. Aber sie nimmt sie genauso schnell wieder zurück.

Verträge und Vereinbarungen Die Person, die durch diese Karte gekennzeichnet wird, ist eine typische Ein-Mann-ein-Wort-Person. Ein Versprechen reicht ihr. Mehr Abmachungen engen sie nur ein. Manchmal ist sie auch leichtfertig im Umgang mit Verträgen.

Risiken Die Person ist treu und ergeben. Manchmal schießt sie aber auch über das Ziel hinaus und wird zum Kontrahenten.

Die anderen Die anderen sind entweder Partner, Mitstreiter oder Gegner, mit denen rivalisiert und konkurriert wird.

Außerberufliche Faktoren Die Karte signalisiert manchmal eine Person, die plötzlich in das Leben des Fragenden eintritt und es verändert.

Stab-Königin

Feuer

Die feurige Mitarbeiterin
(obere Betriebsebene)

Aussage Eine starke, vitale und dynamische Vorgesetzte. Die Fragende selbst oder ein bedeutsamer Mensch im Berufsleben der fragenden Person. Die Chefin. Die Managerin.

Bild Eine Frau, durch eine Krone als Königin gekennzeichnet, hält einen Stab in ihrer Hand.

Deutung Sie ist die Königin und Meisterin des Feuers und aller verzehrenden und nach außen drängenden Energien. Ihr astrologisches Zeichen ist Widder, Löwe oder Schütze, und über ihrem Haupt verbinden sich die Energien der Sonne und der Planeten Mars und Jupiter. Sie lebt stärker ihre männliche Seite und drängt hinaus in die Welt, sucht Abenteuer, Expansion und die Begegnung mit anderen. Ihr Regiment bringt Abwechslung und Lebendigkeit, aber auch Spannung und Unruhe. Wenn sie sich eingeengt fühlt, kann sie sehr grob, ungerecht und verletzend werden. Am meisten leistet sie als Managerin, als Autorität, die andere kraftvoll und mutig führt, oft auch indem sie mit gutem Beispiel vorangeht. Als Königin verkörpert diese Person auch Hochmut und Stolz. Ihr großer Nachteil ist ihre Ungeduld.

Management Wenn die Karte für Sie als fragende Frau steht: Sie sind fürs Management geboren. Ihre Stärke liegt in Ihrer Begeisterung. Sie können andere Menschen mitreißen. Sie geben ein positives Beispiel. Sie sind eine Frau der Tat. Sie gehören nicht an den Schreibtisch, oder wenigstens nicht lange. Sie müssen unterwegs sein, Leute treffen, neue Gebiete erobern.

Wenn die Karte für eine andere Frau steht: Sie haben es mit einer starken und vitalen Frau zu tun. Wahrscheinlich ist sie eine Chefin oder eine andere Autoritätsperson, die in Ihr Leben entscheidend eingreift. Hüten Sie sich, sich mit dieser Frau anzulegen. Sie erwartet Loyalität und läßt Ihnen dann freie Hand.

Finanzen und Investitionen Die Frau, für die diese Karte steht, ist in Geldangelegenheiten stürmisch bis unüberlegt. Ihr großer Vorteil ist ihre Schnelligkeit, wodurch sie der Konkurrenz öfters Geschäfte abjagt. Ihr Nachteil ist ihre Ungeduld.

Bewerbungen und Gesuche Die Frau, die durch die Karte Stab-Königin gekennzeichnet wird, ist die geborene Managerin und Chefin. Sie sollte bei ihrer Bewerbung durchblicken lassen, daß sie dynamisch, universell einsetzbar und kämpferisch ist.

Kündigung Die Königin der Stäbe handelt impulsiv und spricht daher leicht eine Kündigung aus. In aller Regel findet sie auch eine neue Stelle.

Verträge und Vereinbarungen Die Königin der Stäbe hält sich an Vereinbarungen und Verträge. Sie braucht dafür keine Unterschrift. Allerdings kann sie Abmachungen sehr großzügig und eigenwillig auslegen.

Risiken Die Königin der Stäbe und alle Personen, für die sie steht, sind sehr impulsiv und leicht reizbar. Als Autoritäten werden sie auch gefürchtet, weil sie launenhaft sind. Im ungünstigsten Fall verbirgt sich hinter der Stab-Königin eine selbstgefällige Herrscherfrau und Tyrannin.

Die anderen Aus der Perspektive der Stab-Königin sind die anderen Untergebene.

Außerberufliche Faktoren Die Stab-Königin steht manchmal auch für die Ehefrau eines männlichen Fragenden.

Stab-König

Feuer

Der feurige Mitarbeiter
(obere Betriebsebene)

Aussage Ein starker, feuriger Vorgesetzter. Der Fragende selbst oder ein sehr wichtiger Mensch aus dem Berufsleben des Fragenden.

Bild Ein Mann, durch die Krone als König gekennzeichnet, hält einen Stab in seiner Hand.

Deutung Er ist der König der Tat, er verfügt über immense Kraft. Sein Element ist das Feuer, sein astrologisches Zeichen ist Widder, Löwe oder Schütze, und über seinem Haupt verbinden sich die Energien der Sonne und der Planeten Mars und Jupiter. Er lebt vor allem seine männliche Seite aus und tritt in die Welt hinaus, aktiv, fordernd und bestimmend. Seine Nähe ist nicht immer leicht zu ertragen, weil seine Energien andere Menschen oft überfordern. Sein Drang nach Neuem läßt ihn nirgends lange verweilen. Er ist daher der geborene Unternehmer und Manager, der ständig etwas Neues beginnt. Wenn er sich nicht ausleben kann, wird er unruhig, innerlich angespannt und nervös. Er kann schlecht warten und will alles sofort. Was ihm fehlt, sind Ruhe und Gelassenheit. Auf Grund seiner dynamischen aktiven Veranlagung leistet der Stab-König in selbständigen, aktiven Berufen am meisten.

Management Wenn die Karte für Sie als fragender Mann steht: Sie sind der geborene Manager. Sie verfügen über einen unbändigen Tatendrang und wollen und können initiieren, vorantreiben, andere begeistern und mitreißen. Ihre Achillesferse ist Ihre Ungeduld. Sie sind gewohnt, daß alles hier und sofort geschieht.

Wenn die Karte für einen anderen Mann steht: Sie haben es mit einem vitalen und starken Mann, wahrscheinlich Ihrem Vorgesetzten zu tun. Wichtig ist, daß Sie diesen Menschen nicht provozieren. Was Sie nicht wundern darf, ist sein manchmal barscher Ton.

Finanzen und Investitionen Der Mann, der durch den Stab-König gekennzeichnet wird, ist dynamisch und impulsiv im Umgang mit dem Geld. Er investiert schnell, verliert aber auch schnell die Übersicht. Er muß lernen, sich zu gedulden, oder benötigt Personen an seiner Seite, die seine Ein- und Ausgaben überwachen.

Bewerbungen und Gesuche Der Mann, für den die Karte steht, ist entweder bereits eine Autorität oder wird es bald werden und kann mit den allerbesten Aussichten in eine Personalverhandlung treten.

Kündigung Der Mann, für den diese Karte steht, hat richtig gehandelt. Es wird ihm nicht schwerfallen, eine neue Stelle zu finden, in der er eine Führungsposition innehaben wird.

Verträge und Vereinbarungen Der Mann, für den die Karte Stab-König steht, ist über Verträge und Abmachungen erhaben. Er hält, was er verspricht. Man kann sich auf ihn verlassen.

Risiken Wie alle anderen Hofkarten der Stäbe ist auch der König ungestüm und impulsiv und schießt manchmal über das Ziel hinaus.

Die anderen Die anderen betrachtet der Stab-König immer als seine Untergebenen oder als Menschen, die er bestimmen kann.

Außerberufliche Faktoren Die Karte verweist manchmal auf den Liebhaber beziehungsweise den Mann einer Frau.

Kelch-Page

Wasser

Der emotionale Mitarbeiter
(untere Betriebsebene)

Kelch-Page

Aussage Eine gefühlsbetonte Frau. Ein empfindsamer Mann. Die fragende Person oder ein nahestehender Mensch aus seinem Leben. Ein scheuer Liebhaber/eine scheue Liebhaberin. Ein Lehrling oder ein Angestellter.

Bild Eine Gestalt hält einen Kelch in ihrer Hand, worin sich ein Fisch befindet.

Deutung Der Kelch-Page ist der Bote aus dem Reich des Wassers und damit der Gefühle und Stimmungen. Der Fisch in seinem Kelch ist ein Zeichen seiner seelischen Kraft. Er kennzeichnet die fragende Person selbst oder einen Menschen (Mann oder Frau), der dem Fragenden sehr zugetan ist, aber seine Gefühle nur schwer mitteilen kann. Die Nachrichten, die der Kelch-Page überbringt, entstammen dem Reich der Gefühle, beinhalten Familiäres oder Persönliches, wie eine Liebe zwischen Arbeitskollegen. Ganz generell beziehen sich Kelch-Karten weniger direkt auf den Arbeitsprozeß als auf begleitende Faktoren wie Familie, Beziehung, Gesundheit etc.

Management Wenn die Karte für Sie als fragende Person steht: Achten Sie auf Ihre Gefühle. Ihre Intuition ist jetzt wichtiger als alles andere. Möglicherweise sollten Sie auch den Beruf etwas zurückstellen und sich mehr um Ihr Privatleben kümmern.

Wenn die Karte für eine andere Person steht: Sie können mit einem treuen und jovialen Angestellten rechnen. Möglicherweise handelt es sich aber auch um eine Person, die Ihnen nicht nur beruflich, sondern auch freundschaftlich, vielleicht sogar auf einer erotischen Ebene zugetan ist.

Wenn die Karte für eine Botschaft steht: Die Karte Kelch-Page spiegelt immer eine Nachricht aus dem Bereich der Gefühle, Partnerschaft, Familie. Manchmal ist es auch eine Nachricht über die Geburt eines Kindes.

Finanzen und Investitionen Die Person, für die der Kelch-Page steht, hat einen sehr emotionalen Bezug zum Geld. Manchmal hängt sie regelrecht am Geld und verwechselt es mit Liebe. Es kann aber auch sein, daß dieser Person Geld völlig gleichgültig ist und sie es buchstäblich zum Fenster hinauswirft.

Bewerbungen und Gesuche Die Person, für die diese Karte steht, sollte sich bei Bewerbungen und Gesuchen jovial zeigen und Gefühle betonen. Die Karte ist besonders günstig für alle künstlerischen und helfenden Berufe.

Kündigung Der Kelch-Page ist rasch verletzt, findet aber schwer eine Möglichkeit, darüber zu sprechen. Eine Kündigung auf dieser Basis ist daher ein Problem. Zuvor sollte eine Möglichkeit gefunden werden, sich auszusprechen.

Verträge und Vereinbarungen Man kann sicher sein, daß die getroffenen oder zu treffenden Abmachungen gut sind. Man kann sich darauf verlassen und fühlt sich wohl in dieser Arbeitsstelle.

Risiken Der Stimme des Herzens nicht zu folgen, macht auf Dauer hart und kalt.

Die anderen Aus der Perspektive des Kelch-Pagen sind die anderen Menschen, denen man in Liebe zugeneigt ist, ohne es deutlich zeigen zu können.

Außerberufliche Faktoren Der Kelch-Page weist häufig auf einen Menschen hin, mit dem man, vielleicht ohne es zu wissen, in Liebe verbunden ist.

Kelch-Ritter

Wasser

Der emotionale Mitarbeiter
(mittlere Betriebsebene)

Kelch-Ritter

Aussage Der Ritter des Herzens. Ein Mann oder eine Frau, treu, einfühlsam und zärtlich. Die fragende Person selbst oder ein wichtiger Partner, eine wichtige Partnerin. Auch der/die (heimliche) Geliebte einer Frau/eines Mannes.

Bild Ein Ritter mit offenem Visier hält einen Kelch in seiner Hand.

Deutung Der Kelch-Ritter lebt aus seinem Herzen heraus. Seine Nähe ist sehr angenehm. Er ist einfühlend und zärtlich. Diese Karte kennzeichnet in den allerwenigsten Fällen eine Person aus dem unmittelbaren Berufsleben. Sie verweist eher auf Menschen, Männer wie Frauen, zu denen eine Liebesbeziehung besteht. Allerdings kann es auch sein, daß eine derartige Liebesbeziehung mit der Arbeitsrolle zusammentrifft. Zum Beispiel wenn eine Sekretärin ihren Chef liebt oder wenn Kollegen über den Beruf hinaus in Liebe verbunden sind. Wird der Kelch-Ritter in einer Sitzung aufgedeckt, so kann man davon ausgehen, daß die Person, für die der Kelch-Ritter aufgedeckt wurde, seine Gefühle offenlegt. Der Kelch-Ritter ist die stärkste Karte für einen Menschen, der Liebe sucht und geben will. Er kann eine Frau sein oder ein Mann. Wird diese Karte für eine berufliche Situation aufgedeckt, kann man sicher sein, daß außerberufliche, partnerschaftliche und gefühlshafte Momente eine wesentliche Rolle spielen.

Management Der Kelch-Ritter steht selten für eine rein berufliche Angelegenheit. Gefühle, Liebe, Sehnsucht etc. spielen eine große Rolle.

Wenn die Karte für Sie als fragende Person steht: Es ist von ›verliebten‹ Gefühlen Ihrerseits auszugehen.

Wenn die Karte für eine andere Person steht: Es sind Emotionen im Spiel, die weit über eine berufliche Beziehung hinausweisen.

Finanzen und Investitionen Die Person, die durch diese Karte benannt wird, hat einen äußerst emotionalen und spontanen Bezug zu Geld und materiellen Dingen.

Bewerbungen und Gesuche Die Karte verweist auf gefühlshafte und erotische Motive.

Kündigung Die Person, die durch den Kelch-Ritter benannt wird, ist impulsiv und emotional. Eine Kündigung sollte man nicht zu wörtlich nehmen.

Verträge und Vereinbarungen Auf den Kelch-Ritter kann man sich bedingungslos verlassen.

Risiken Der Kelch-Ritter lebt seine positiven wie negativen Gefühle. Besonders wenn er verletzt ist, ist er unberechenbar.

Die anderen Aus der Sicht des Kelch-Ritters sind die anderen Partner.

Außerberufliche Faktoren Wie bereits erwähnt, steht die Karte Kelch-Ritter eher für außerberufliche, private, zwischenmenschliche Angelegenheiten.

Kelch-Königin

Wasser

Die emotionale Mitarbeiterin
(obere Betriebsebene)

Kelch-Königin

Aussage Eine gefühlvolle, empfindsame und liebevolle Frau, eventuell die Chefin oder eine andere Vorgesetzte. Die Fragende selbst oder eine liebevolle, wohlgesinnte und wichtige Frau im Leben des Fragenden.

Bild Eine Frau, die durch eine Krone als Königin gekennzeichnet ist, hält einen Kelch in der Hand.

Deutung Sie verkörpert den Archetypus der Königin des Wassers. Ihr astrologisches Zeichen ist Krebs, Fisch oder Skorpion, und über ihrem Haupt stehen Neptun, Pluto und der Mond. Sie ist still wie das Meer, kann aber auch so ungestüm sein. Wenn sie verletzt wird, brechen die Gefühle wie eine Sturmflut aus ihr heraus. Sie ist die Fraulichste unter den Tarot-Königinnen. Sie sucht Schutz und Nähe und gibt dafür Wärme, Liebe und Geborgenheit. Ihre Empfindsamkeit macht sie auch verletzlich und manchmal sehr scheu. Ihre größten Fähigkeiten entwickelt sie in heilenden, helfenden und künstlerischen Berufen. Ihr Verantwortungsbewußtsein, ihre Übersicht und ihr starker Wille befähigen sie zu Aufgaben im Management, z. B. Kunsthandel, Leitung von therapeutischen Einrichtungen, Lehrberuf und ähnliches.

Management Wenn die Karte für Sie als fragende Frau steht: Sie sind eine gefühlvolle, intuitive Managerin. Ihr Führungsstil ist nondirektiv, weiblich, mütterlich. Sie erreichen Ihr Ziel durch Ihre Nähe zu den Mitarbeitern. Sie motivieren sie durch Ihre Zuneigung und Liebe. Ihre größten Stärken liegen in künstlerischen, ästhetischen und helfenden Bereichen.

Wenn die Karte für eine andere Frau steht: Eine gefühlvolle, helfende, warme Frau, wahrscheinlich Ihre Chefin, spielt in Ihrem Leben eine wichtige Rolle. Möglicherweise sind Sie über rein berufliche Interessen hinaus mit dieser Person verbunden.

Finanzen und Investitionen Die Person, für die die Kelch-Königin steht, hat einen sehr emotionalen Bezug zu Geld und allen materiellen Angelegenheiten.

Bewerbungen und Gesuche Wenn die Karte für Sie als fragende Frau steht: Betonen Sie Ihre Gefühle und Ihre Loyalität, und lassen Sie durchblicken, daß Sie sich auch zu höheren Aufgaben berufen fühlen.

Wenn die Karte für das Bewerbungsgremium steht: Sie können sich auf eine weibliche Autoritätsperson verlassen. Sie ist Ihnen zugeneigt und wohl gewogen.

Kündigung Die Kelch-Königin neigt auch beim Thema Kündigung zu emotionalen Entscheidungen. Man sollte daher eine Nacht darüber schlafen, bevor das letzte Wort gesprochen ist.

Verträge und Vereinbarungen Abmachungen im Licht der Kelch-Königin sind mit dem Herzen geschrieben und daher auch ohne jeden schriftlichen Vertrag verbindlich.

Risiken Wer aus seinem Herzen lebt, ist sehr emotional und impulsiv. Besonders wenn die Kelch-Königin verletzt wird, ist sie unberechenbar.

Die anderen Aus der Perspektive der Kelch-Königin sind die anderen treue Mitarbeiter, die sie in mütterlicher Liebe führt und leitet.

Außerberufliche Faktoren Die Kelch-Königin verweist einen Mann oft auf eine ihm zugeneigte liebende Frau, und eine Frau auf ihre Gefühle einem Mann gegenüber.

Kelch-König

Wasser

Der emotionale Mitarbeiter
(obere Betriebsebene)

Kelch-König

Aussage Ein gefühlvoller Mann. Eine väterliche Autorität. Der gute Chef. Der Fragende selbst oder ein gefühlvoller Freund im Leben der fragenden Person. Auch der Lebenspartner oder ein Kollege, mit dem man in Liebe verbunden ist.

Bild Ein Mann, der durch eine Krone als König gekennzeichnet ist, hält ein Zepter und einen Kelch in seiner Hand.

Deutung Er verkörpert den Archetypus des Königs der Elfen und aller anderen zarten und empfindsamen Geschöpfe. Sein Element ist das Wasser, sein astrologisches Zeichen ist Krebs, Fisch oder Skorpion, und über seinem Haupt stehen Neptun, Pluto und der Mond. Er lebt stärker seine weibliche Seite und ist einfühlsam und herzlich. In seiner Nähe fühlt man sich wohl und geborgen. Durch seine Verbundenheit mit dem Wasserelement leistet er beruflich am meisten in heilenden und helfenden Berufen oder als Künstler. Sein Verantwortungsbewußtsein, seine Übersicht und sein starker Wille befähigen ihn zu Aufgaben im Management.

Management Wenn die Karte für Sie als fragender Mann steht: Wenn Sie das geeignete Arbeitsmetier finden, sind Sie der Chef, den sich alle wünschen: gefühlvoll, väterlich, zugeneigt und dennoch respektiert. Ihr Metier ist die Kunst und alle Bereiche, die mit Geschmack und Ästhetik zu tun haben. Des weiteren sind Sie ein ›König‹ in heilenden und helfenden Berufen.

Wenn die Karte für einen anderen Mann steht: Ein Mann, wahrscheinlich Ihr Chef oder eine andere Autoritätsperson, begegnet Ihnen in großer Zuneigung. Möglicherweise besteht zu dieser Person auch eine Herzensbeziehung.

Finanzen und Investitionen Die Person, für die diese Karte steht, hat einen sehr emotionalen, großzügigen, manchmal auch verschwenderischen Umgang mit Geld.

Bewerbungen und Gesuche Der Kelch-König ist geschaffen für Führungsaufgaben. Wenn die Karte für Sie steht, können Sie mit einer Beförderung rechnen. Steht die Karte für einen anderen Mann, ist er Ihnen wohlwollend zugetan.

Kündigung Lassen Sie einige Tage verstreichen, und denken Sie dann Ihre Kündigung noch einmal durch.

Verträge und Vereinbarungen Der Kelch-König schließt Abmachungen mit seinem Herzen ab. Er braucht keine Verträge. Er ist trotzdem hundertprozentig zuverlässig.

Risiken Seiner großen Offenheit wegen ist er leicht verletzbar, und er muß sich schützen. Viele Menschen tragen den Kelch-König tief verborgen in ihrem Herzen.

Die anderen Aus der Perspektive des Kelch-Königs sind die anderen treue Untertanen, die er mit väterlicher Liebe und Strenge führt.

Außerberufliche Faktoren Der Kelch-König verkörpert auch den Ehemann beziehungsweise (heimlichen) Geliebten einer Frau.

Schwert-Page

Luft

Der kämpferische Mitarbeiter
(untere Betriebsebene)

Schwert-Page

Aussage Ein komplizierter, eigenwilliger und verkopfter junger Mann. Eine junge Frau mit den gleichen Eigenschaften. Der Fragende oder ein Mensch aus seinem Leben. Auch eine Person, die eine Auseinandersetzung beginnt.

Bild Ein junger Mann mit skeptischem Blick hält in der einen Hand ein Schwert als Zeichen seiner Kampfbereitschaft und in der anderen einen Palmenzweig als Geste seiner Friedfertigkeit.

Deutung Er ist eine Gestalt der Luft und kann ein Mann oder eine Frau sein. Wie alle Hofkarten der Schwerter begreift er sich und die Welt mit seinem Kopf. Er möchte das Lebendige einordnen und es nach seinen Vorstellungen gestalten. Er verkörpert den Archetypus des treuen und ergebenen Angestellten, der die Anordnungen der oberen Etagen bedingungslos ausführt. Er ist ein Kämpfer, der alles, was nicht in sein Konzept paßt, notfalls eliminiert. Er ist allerdings nicht völlig unversöhnt mit der natürlichen und lebendigen Welt, wie die anderen Hofkarten der Schwerter. Der Palmenzweig ist eine Geste des Friedens und der Versöhnung. Aber das Schwert zeigt seine Bereitschaft zum Kampf. Die Karte weist manchmal auch auf einen versteckten Konflikt oder ein unausgesprochenes Problem des Fragenden hin. Gelegentlich signalisiert die Karte auch Wut und Zorn, welche die Person, für welche die Karte steht, nicht aussprechen kann.

Management Wenn die Karte für Sie als fragende Person steht: Sie sind noch nicht entschieden. Sie benötigen noch etwas Zeit. Sie fechten einen Konflikt aus. Geben Sie sich Raum für all Ihre Gedanken, und treffen Sie zunächst keine Entscheidung.

Wenn die Karte für eine andere Person steht: Ein Kollege, eventuell ein Untergebener von Ihnen, hat einen Konflikt, den er nicht offen auszutragen weiß.

Wenn die Karte für eine Botschaft steht: eine unklare, zwiespältige Botschaft.

Finanzen und Investitionen Die Person, für die der Schwert-Page steht, ist in ihren Entscheidungen rücksichtslos und egoistisch. Wenn sie gegen Sie steht, müssen Sie sich schützen und hüten. Wenn sie für Sie selbst steht, sollten Sie Ihre Einstellung zum Geld überdenken.

Bewerbungen und Gesuche Die Person ist kämpferisch, aber auch noch unentschieden, für welche Sache sie sich entscheiden soll. Ihre Zweifel könnten ihr bei Bewerbungen und Anfragen schaden.

Kündigung Der Schwert-Page ist ein kämpferischer Mensch, der sich seinen eigenen Weg bahnt. Über seinem Tun steht Gelingen.

Verträge und Vereinbarungen Die Person, für die der Schwert-Page steht, ist ungestüm, egoistisch und in gewisser Weise auch rücksichtslos. Man muß lernen, damit umzugehen.

Risiken Der Schwert-Page ist immer bereit, für eine Idee zu kämpfen. Die Gefahr dabei ist, daß er sich selbst dabei verliert.

Die anderen Aus der Perspektive des Schwert-Pagen sind die anderen entweder Mitstreiter oder Gegner.

Außerberufliche Faktoren Die Karte weist stets auf einen zwischenmenschlichen Konflikt hin.

Schwert-Ritter

Luft

Der kämpferische Mitarbeiter
(mittlere Betriebsebene)

Schwert-Ritter

Aussage Ein dynamischer, kämpferischer, unter Umständen auch gefährlicher Kollege oder eine Kollegin mit den entsprechenden Eigenschaften. Der Fragende in dieser Situation oder ein Mensch im Leben des Fragenden. Eine absolut loyale Kraft im Unternehmen. Der Mensch für undankbare Aufgaben. Auch eine starke Gegenkraft des Fragenden.

Bild Ein Ritter reitet in wilder Hast. In seiner Hand hält er kampfbereit sein Schwert.

Deutung Der Schwert-Ritter kann Zerstörung bringen. Manchmal verkörpert er den treuen Untertan, der als Scherge auftritt. Eher aber ist er ein Mensch, der von einer Idee angetrieben wird. Darin liegt auch seine Stärke: Auf Grund seiner Identifikation mit einem größeren Ganzen, zum Beispiel der Firma oder einem Team, verfügt er über immense Energien.

Management Wenn die Karte für Sie als fragende Person steht: Sie verfügen über ungeheure Kräfte, weil Sie von einer Idee gefangen sind. Nützen Sie sie konstruktiv, achten Sie darauf, daß Sie niemandem schaden.

Wenn die Karte für eine andere Person steht: Sie müssen mit einer Attacke rechnen. Möglicherweise sind Sie das Opfer einer Auseinandersetzung.

Finanzen und Investitionen Die Person, für die der Schwert-Ritter steht, ist hinter Geld her wie der Teufel hinter einer Seele.

Bewerbungen und Gesuche Die Person ist hundertprozentig zuverlässig, geht notfalls aber auch über Leichen.

Kündigung Die Person, für die der Schwert-Ritter steht, ist ungeheuer mutig. Eine derartige Kraft ist manchmal die einzige Möglichkeit, um eine Trennung von einer unwürdigen Arbeitssituation zu vollziehen.

Verträge und Vereinbarungen Die Person, für die der Schwert-Ritter steht, hält sich nur an Vereinbarungen, die ihr passen. Wer Verträge mit ihr schließt, sollte unbedingt auf eine rechtmäßige Form achten.

Risiken Der Schwert-Ritter besitzt eine starke Verbindung mit einer Idee, einer Firma, einer Gruppe, einem Volk. Soweit die Ziele dieses größeren Ganzen gut sind, ist auch der Schwert-Ritter eine positive Gestalt. Gefährlich wird es immer dann, wenn das übergeordnete Ganze negativ und zerstörerisch ausgerichtet ist.

Die anderen Die anderen sind entweder Mitstreiter oder Gegner.

Außerberufliche Faktoren Der Schwert-Ritter kennzeichnet manchmal ein außerberufliches Zerwürfnis.

Schwert-Königin

Luft

Die kämpferische Mitarbeiterin
(obere Betriebsebene)

Schwert-Königin

Aussage Eine bestimmende, starke und berechnende Frau. Eine überlegene Autorität. Die Fragende oder eine Frau in ihrem Leben mit starken, kämpferischen Kräften. Auch die versagende und verurteilende Chefin.

Bild Eine Frau, durch eine Krone als Königin gekennzeichnet, hält ein Schwert kampfbereit in ihrer Hand.

Deutung Sie ist die Königin der Dunkelheit, anziehend, aber auch unheimlich und düster. Sie verkörpert den Archetypus der rätselhaften Frau. Sie ist bereit, alles zu geben, Liebe und Wohlstand, verlangt dafür jedoch bedingungslosen Gehorsam. Sie steht für die dynamische Managerin, die keinerlei Problem hat, sich durchzusetzen. Wer sich gegen sie erhebt, erfährt ihre gnadenlose Härte. Sie bedarf einer Idee, für die es sich zu kämpfen lohnt (Politik, Handel, Großindustrie).

Management Wenn die Karte für Sie als fragende Frau steht: Sie sind die geborene Managerin in einem offensiven Unternehmen. Für Ihre Ideen und Ziele geben Sie all Ihre Kraft. Sie sind eine gerechte, aber auch unduldsame Autoritätsperson. Sie werden eher gefürchtet als geliebt.

Wenn die Karte für eine andere Frau steht: Sie stehen mit einer Autoritätsperson in einem Kampf, den Sie nicht oder nur unter großen Verlusten gewinnen können.

Finanzen und Investitionen Die Frau, die durch die Schwert-Königin gekennzeichnet wird, ist eine starke und unaufhaltsame Gewinnerin. Sie wird ihren Reichtum immens vermehren.

Bewerbungen und Gesuche Die Frau, für die diese Karte steht, ist die geborene Managerin. Wenn Sie sie auf Ihrer Seite haben oder wenn die Karte Sie selbst kennzeichnet, werden Sie eine hohe Position erringen können. Stellt sich die Schwert-Königin gegen Sie, besteht kaum eine Chance auf Aufstieg.

Kündigung Die Schwert-Königin ist oft die wichtigste Kraft in einer verfahrenen Situation, um zum richtigen Zeitpunkt den endgültigen Schlußstrich zu ziehen und zu kündigen.

Verträge und Vereinbarungen Die Schwert-Königin ist in ihren Abmachungen hart, bedingungslos und auf ihren eigenen Vorteil bedacht. Gewinne ihr gegenüber müssen erkämpft werden.

Risiken Die Schwert-Königin bezahlt ihre große Kraft durch einen Verlust an Wärme und Emotionalität.

Die anderen Aus der Perspektive der Schwert-Königin sind die anderen Untertanen, die sie streng, aber auch erfolgreich führt.

Außerberufliche Faktoren Die Schwert-Königin zeigt oft auf eine weibliche Rivalin im Beziehungsleben des Fragenden hin.

Schwert-König

Luft

Der kämpferische Mitarbeiter
(obere Betriebsebene)

Schwert-König

Aussage Ein schwieriger und komplizierter Mann. Der Fragende selbst oder ein bedeutsamer Mann in seinem Leben. Auch der verurteilende Vorgesetzte.

Bild Ein Mann, durch eine Krone als König gekennzeichnet, sitzt in einer leeren Landschaft. Er wirkt bedrohlich und hält sein Schwert bereit zum Kampf.

Deutung Er verkörpert den Archetypus des strengen, unerbittlichen Übervaters. Sein Element ist Luft. Er ist der Herrscher der Gedanken und Vorstellungen, der Ideen und Fantasien. Er sieht die Welt nicht wie sie ist, sondern so, wie er sie sich vorstellt. Deswegen ist er so stark. Kein anderer König besitzt soviel unternehmerische Kraft wie der Schwert-König. Beruflich hat er meist eine leitende Position im Management eines dynamischen Unternehmens. Er braucht freie Hand, aber benötigt dennoch eine Idee, für die es sich zu kämpfen lohnt (Politik, Handel, Großindustrie). Wird die Karte für jemand anderen als den Fragenden aufgedeckt, steht der Fragende mit diesem Menschen in einem inneren Kampf.

Management Wenn die Karte für Sie als fragender Mann steht: Sie sind ein unbequemer Chef. Aber Sie bieten Ihren Mitarbeitern auch in Krisensituationen Sicherheit. Sie sind ein kämpferischer Unternehmer.

Wenn die Karte für einen anderen Mann steht: Seien Sie vorsichtig, eine Kollision mit einer Autorität droht.

Finanzen und Investitionen Die Person, die der Schwert-König kennzeichnet, kann sich durch ihren Überblick und ihre große Kraft ein Imperium und Berge von Geld erschaffen.

Bewerbungen und Gesuche Wenn die Karte für Sie steht, sind Sie in Ihrer Arbeitsstelle für eine Beförderung vorgesehen. Steht die Karte für einen anderen Menschen, müssen Sie mit einer schwierigen Bewerbungs- und Vorstellungssituation rechnen. Sie werden bis auf die Knochen geprüft.

Kündigung Wenn diese Karte für Sie steht, haben Sie die nötige Kraft, um sich aus jeder Arbeitssituation zu befreien.

Verträge und Vereinbarungen Der Schwert-König trifft die Abmachungen in seinem Sinne. Wer vor Übergriffen und ungünstigen Vereinbarungen sicher sein will, muß sich einer schriftlichen und juristisch abgesicherten Absprache bedienen.

Risiken Der Schwert-König entfernt sich von der Welt der Gefühle, die in seinem Kalkül keinen Platz haben. Mit der Zeit wird er gefühllos und einsam.

Die anderen Aus der Sicht des Schwert-Königs sind die anderen Untertanen, die man lenken und führen muß.

Außerberufliche Faktoren Der Schwert-König spiegelt immer einen Konflikt mit einer autoritären, harten, männlichen Person wider.

Stern-Page

Erde

Der wache und bewußte Mitarbeiter
(untere Betriebsebene)

Stern-Page

Aussage Ein Mensch (Frau oder Mann) auf der Suche nach seiner Berufung. Der Fragende oder eine wichtige Person in seinem Leben. Auch ein Berufsanfänger oder Lernender.

Bild Eine Gestalt trägt eine Scheibe mit einem Pentakel. Der Himmel ist übersät mit Sternen.

Deutung Der Stern-Page kommt aus dem Reich der Sterne, um in einer neuen, irdischen Gestalt sein Karma zu erfüllen. Er liebt das Leben, aber tief in seinem Inneren spürt er die Sehnsucht, über das, was ist, hinauszugehen. Er ist ein Wanderer, der sich auf seinem Weg immer wieder verliert. Aber es ist die Suche, die ihn nährt; auch wenn er sein Ziel nicht erreicht …

Oft wird der Stern-Page für den Beginn einer neuen Arbeitsstelle aufgedeckt. Als Bote steht er für Nachrichten, die dem eigenen Wachstum nützlich sind.

Management Wenn die Karte für Sie als fragende Person steht: Sie stehen am Anfang einer Veränderung, einer Transformation. Achten Sie auf die Zeichen, achten Sie auf Ihre Träume.

Wenn die Karte für eine andere Person steht: Ein Ihnen sehr zugetaner Mensch möchte zu Ihnen in Kontakt treten. Ein Lernender, vielleicht ein beruflicher Neuanfänger, ist Ihnen zugetan.

Wenn die Karte für eine Botschaft steht: eine positive Nachricht aus dem Arbeitsbereich.

Finanzen und Investitionen Die Person, für die diese Karte steht, hat einen sehr behutsamen und bedächtigen Umgang mit Geld. Sie denkt nie ausschließlich materialistisch, sondern wird auch von ihren idealistischen Beweggründen gelenkt.

Bewerbungen und Gesuche Die Karte ist optimal für ein Bewerbungsgespräch oder einen Vorstellungstermin. Sie sind willens und bereit, in eine neue berufliche Gemeinschaft zu treten.

Kündigung Manchmal deutet die Karte eine Kündigung an, von der der Tarotspieler selbst noch nichts weiß. Wird die Karte unmittelbar nach einer Kündigung gezogen, so verspricht sie Heil und Gelingen.

Verträge und Vereinbarungen Die Person, für die der Stern-Page steht, ist äußerst zuverlässig und verantwortungsbewußt.

Risiken Der Stern-Page kennzeichnet eine Person, die auf der Suche nach sich selbst und ihrer Bestimmung ist. Manchmal, insbesondere dann, wenn die Karte auf dem Kopf stehend aufgedeckt wird, warnt sie davor, daß man auf seine innere Stimme zu wenig hört.

Die anderen Aus der Perspektive des Stern-Pagen sind die anderen Vorgesetzte und Freunde, die wohlwollend sind.

Außerberufliche Faktoren Die Karte erinnert ganz allgemein an einen jungen Menschen, häufig auch an das eigene Kind.

Stern-Ritter

Erde

Der wache und bewußte Mitarbeiter
(mittlere Betriebsebene)

Stern-Ritter

Aussage Ein suchender, bewußter Mann oder eine Frau. Der Fragende selbst oder ein vertrauensvoller Kollege. Auch der ergebene Freund und Mitarbeiter.

Bild Ein Ritter ohne Visier trägt einen Stern. Im Hintergrund geht die Sonne auf.

Deutung Der Stern-Ritter greift nach den Sternen. Er ist wie Parzival, der den Heiligen Gral sucht. Wenn er arbeitet und Karriere macht, sind seine Ziele nicht nur Reichtum, Wohlstand oder Ruhm, sondern sich selbst zu finden, seinen ihm innewohnenden Auftrag zu erkennen und einzulösen. Wird die Karte für den Fragenden aufgedeckt, so kündet sie einen Aufbruch zu neuen Ufern. Dabei geht es darum, eine neue, sinnhafte Tätigkeit zu finden. Manchmal erinnert die Karte die fragende Person aber auch daran, ihren Weg der Selbstverwirklichung nicht aus den Augen zu verlieren.

Steht die Karte für eine andere Person, wird diese als freundschaftlich, ergeben und integer ausgewiesen.

Management Wenn die Karte für Sie als fragende Person steht: Sie stehen an einem wichtigen Punkt. Ihre Arbeit trägt dazu dabei, Sie zu vervollkommnen. Setzen Sie sich mit aller Kraft ein. Suchen Sie die Gemeinschaft mit anderen.

Wenn die Karte für eine andere Person steht: Ein Kollege, auf den Sie sich hundertprozentig verlassen können. Ein Ihnen ergebener Mitarbeiter.

Finanzen und Investitionen Die Person, die durch den Stern-Ritter gekennzeichnet wird, hat ein sehr bewußtes Verhältnis zu Geld und Reichtum. Nie wird sie des Geldes wegen ihre Ideale verraten.

Bewerbungen und Gesuche Mit dieser Karte können Sie nur gewinnen. Sie werden als jovialer, einsichtiger, erfahrener, disziplinierter und weiser Mitarbeiter anerkannt.

Kündigung Das Glück ist auf der Seite des Stern-Ritters. Er begibt sich auf den Weg seiner beruflichen Selbstbestimmung.

Verträge und Vereinbarungen Die durch den Stern-Ritter gekennzeichnete Person kann mit großem Wohlwollen und Glück bei sämtlichen Absprachen rechnen.

Risiken Der Stern-Ritter kennzeichnet manchmal auch eine gewisse ideologische Verbissenheit. Eine Blindheit gegenüber anderen Einsichten, Strömungen und Gruppierungen.

Die anderen Aus der Sicht des Stern-Ritters sind die anderen treue Mitstreiter in einem fast heiligen Unternehmen.

Außerberufliche Faktoren Der Stern-Ritter weist ganz allgemein auf einen Menschen in einer wichtigen Lebensphase hin.

Stern-Königin

Erde

Die wache und bewußte Mitarbeiterin
(obere Betriebsebene)

Stern-Königin

Aussage Eine feine, innerlich klare und lebenserfahrene Frau und Kollegin. Die wohlwollende Chefin oder eine entsprechende, weibliche Autoritätsperson. Die Fragende selbst oder ein bedeutsamer Mitarbeiter im Leben der Fragenden.

Bild Eine Frau, die durch eine Krone als Königin gekennzeichnet wird, sitzt im Lotussitz auf der Erde. In ihrer Hand hält sie einen Stern. Um den Hals trägt sie eine ›Mala‹, eine Kette, die sie als Mitglied einer Gemeinschaft kennzeichnet.

Deutung Sie ist die Königin des Lichtes. Als Regentin ist sie gerecht und erfahren. Sie liebt ihre Arbeit, aber sie wird sich nie darin verlieren. Ihr Führungsstil ist Team-orientiert: Obwohl sie durch ihre Position andere überragt, besitzt sie keinerlei Dünkel und betrachtet andere als Mitarbeiter. Am stärksten kommen ihre Anlagen und beruflichen Fähigkeiten in Berufen zur Tätigkeit, in denen ein enger und persönlicher Kontakt zu Menschen möglich ist, also zum Beispiel in allen heilenden und therapeutischen Berufen. Ihre Nähe ist wohltuend und schenkt Ruhe und Frieden. Sie ist die weiseste und erhabenste Schwester unter den Königinnen, die ›Hohepriesterin‹ unter den Frauen.

Management Wenn die Karte für Sie als fragende Frau steht: Sie sind eine weise und bedachte Frau. Sie verspüren eine Sehnsucht, die Sie bei allen Dingen, die Sie tun, nie völlig verlieren.

Sie suchen Einsicht, Wachstum und Selbsterfüllung. Über Ihrer beruflichen Position stehen Gelingen und Heil. Sie sind eine Frau, die anderen Sicherheit und Lebenserfahrung vermitteln kann.

Wenn die Karte für eine andere Frau steht: Eine Ihnen zugeneigte, wichtige Autoritätsperson spielt eine wichtige Rolle in Ihrem Leben.

Finanzen und Investitionen Die Frau, für die diese Karte aufgedeckt wurde, hat ein ausgesprochen positives, sachliches und dennoch sehr inniges Verhältnis zu Geld und Wohlstand, man kann ihr alles anvertrauen. Sie ist äußerst zuverlässig.

Bewerbungen und Gesuche Sie sind angekommen. Sie werden den Menschen begegnen, die zu Ihnen gehören. Bei einem Vorstellungsgespräch ist es wichtig, daß Sie sich so geben, wie Sie sind, natürlich, mit Ihren Schwächen und Stärken. Über allem, was Sie tun, steht der Stern des Glücks.

Kündigung Sie haben die richtige Entscheidung getroffen. Sie werden in Ihrer neuen Tätigkeit Ihre Selbstverwirklichung finden.

Verträge und Vereinbarungen Alles ist bestens. Die Person, für die die Stern-Königin steht, ist über jeden Zweifel erhaben. Sie ist eine Garantie dafür, daß Abmachungen eingehalten werden.

Risiken Die Stern-Königin ist eine weise Frau. In ihr verbirgt sich jedoch keine leidenschaftliche oder von Herzen liebende Person. Diese Frau wird eher durch die Kelch-Königin widergespiegelt. Daher darf man von einer Stern-Königin auch nicht mehr erwarten als Freundschaft und Kollegialität.

Die anderen Aus der Perspektive der Stern-Königin sind die anderen Mitarbeiter.

Außerberufliche Faktoren Die Stern-Königin steht häufig auch für den Beginn eines Prozesses, wie er zum Beispiel in einer Therapie oder Wachstumsgruppe gefunden wird.

Stern-König

Erde

Der wache und bewußte Mitarbeiter
(obere Betriebsebene)

Stern-König

Aussage Ein verständnisvoller, gütiger und weiser Mann. Der Fragende selbst oder ein Mensch im Leben des Fragenden. Der verständnisvolle, gütige Chef. Der erfahrene Vorgesetzte. Ein Lehrer oder Meister.

Bild Eine Gestalt, gütig lächelnd, eingehüllt in einen Sternenmantel, hält einen Stern in ihrer Hand.

Deutung Er ist der König des Erdelementes und des Lichtes. Er kennt das Leben und die Menschen. Er ist klug und weise. Er nimmt nichts zu wichtig, am allerwenigsten sich selbst. Er sieht hinter die Oberfläche, sucht die Tiefe und Unvergänglichkeit. Seine Nähe ist wohltuend und beruhigend, und sein wacher Geist gibt der Welt Leben und Glanz. Er liebt die Gegenwart anderer Menschen, aber genauso sucht er immer wieder die Einsamkeit. Er ist der Meister unter den Königen und die höchste Gestaltung unter den Hofkarten des Tarot. Als Vorgesetzter ist er jovial, gütig, gerecht und vorantreibend. Steht die Karte nicht für den Fragenden selbst, so verweist sie auf einen wichtigen Helfer, eine Autorität oder einen bedeutsamen Kollegen im Leben des Fragenden, eventuell auch auf einen Lehrer oder Meister.

Management Wenn die Karte für Sie als fragender Mann steht: Sie sind die geborene Autorität, ein weiser Führer, ein Mann, auf den man sich verlassen kann. Ihre Arbeit ist sehr wichtig für Sie, aber Sie werden sich nie in Ihrer Arbeit völlig verlieren.

Wenn die Karte für einen anderen Mann steht: Sie werden auf einen weisen, wissenden und gütigen Menschen verwiesen. Wahrscheinlich ist er ein Vorgesetzter oder ein Lehrer. Sie können sich auf diesen Menschen verlassen. Sie müssen aber auch wissen, daß dieser Mensch von Ihnen mehr verlangt als nur Ihre Arbeitskraft, nämlich auch Ihr Herz.

Finanzen und Investitionen Der Stern-König verkörpert den Mann, der reich ist und dennoch im Reichtum nicht das wichtigste Ziel seines Lebens erkennt.

Bewerbungen und Gesuche Diese Karte fordert Sie direkt dazu auf, ein Vorstellungsgespräch zu suchen und zu führen. Sie können nur gewinnen. Auch eine Beförderung ist im Licht dieser Karte möglich.

Kündigung Die Karte Stern-König steht über Ihrer Kündigung wie ein leuchtender Stern. Sie können nur gewinnen. Sie werden eine neue Stelle finden, und Sie werden mit Menschen zusammenarbeiten, die so denken und fühlen wie Sie.

Verträge und Vereinbarungen Alles ist bestens. Sie können sich auf diesen Menschen verlassen.

Risiken Der Stern-König wird manchmal zum väterlichen Guru, dem gegenüber der Fragende klein und unbedeutend wird.

Die anderen Aus der Perspektive des Stern-Königs sind die anderen Mitarbeiter. Er sieht sich und die anderen als konstruktives, kreatives Team.

Außerberufliche Faktoren Der Stern-König ist kein Partner im herkömmlichen Sinne. Sexualität und Beziehung spielen für ihn keine zentrale Rolle; es geht ihm eher um geistigen Austausch und um gemeinsames Arbeiten.

Einfache Spiel- und Legemethoden

Die Tageskarte

Auf eine schöne und einfache Art und Weise kann man mit den Karten vertrauter werden, wenn man morgens, gleich nach dem Aufwachen, eine Karte für den ganzen Tag aufdeckt. Man verwendet dabei nur das Große Arkanum. Die aufgedeckte Karte soll eine Art Leitmotiv sein, und die Ereignisse des Tages werden im Licht dieser Karte betrachtet. Man entdeckt, wie der Geist des Tarot den Tag mitbestimmt: Man zieht den Turm der Zerstörung (Karte XVI) und erfährt, wie der Tag auf seltsame Weise mißlingt, man deckt die Sonne (Karte XIX) auf, und der Tag wird heiter und gelassen.

Als Beispiel zwei Ausschnitte von Tagebuchaufzeichnungen über Erfahrungen mit der Tageskarte:

»Für heute, Montag, decke ich die Karte des Mondes (XVIII) auf. Ich finde, das paßt gut, denn der Montag wird ja auch in der Astrologie vom Mond regiert. Obendrein steht, als ich morgens aus dem Haus gehe, die abnehmende Mondsichel noch klar am morgendlichen Himmel. Im Büro vergesse ich den Mond erst mal. Die Mittagspause verbringe ich mit einer Kollegin. Sie erzählt mir, daß sie schwanger ist... Wieder ein Erlebnis, das zur Mondkarte paßt...«

»Heute morgen habe ich die Karte des Teufels als Tageskarte gezogen. Eigenartig, wie die Karte meine Wahrnehmung beeinflußt. Ich stellte mir die Menschen vor, als würden sie mit einer Art Teufelsfratze herumlaufen. Das paßte. Als ich meinen Chef am Telefon beobachtete, wie er schmeichelnd mit einem Kunden verhandelte, dachte ich an den Leibhaftigen, der in ihm stecken muß, wenn er so gut schleimen kann. Kurz darauf packte mich der Teufel selbst. Ein Kollege zog einen dicken Brocken an Land, Wertanlagen über 300000 DM. Ich merkte, wie ich in der Hölle schmorte – stinkeifersüchtig war ich …«

Eine Legemethode mit einer Karte

Mit dieser Methode kann man auf eine Frage, eine bestimmte Lebenssituation oder ein Problem Antworten bekommen. Jeder Anfänger kann sofort mit dieser Methode beginnen und mit Hilfe der Deutungen in diesem Buch und seiner eigenen Intuition Antworten auf seine Fragen erhalten.

Mischen Sie die Karten, heben Sie dreimal ab, und breiten Sie die Karten in einem offenen Halbkreis aus. Während Sie die Frage leise aussprechen, versuchen Sie durch ahnungsvolles Berühren eine auszuwählen.

Drehen Sie diese Karte um und versuchen Sie, aus dem Bild eine Antwort auf Ihre Frage zu lesen. Dabei gilt es, die Karte wie einen magischen Spiegel zu handhaben, in dem Sie sich selbst erkennen oder sich in einem neuen Licht sehen. Verstehen Sie die gespiegelte Antwort nicht gleich, müssen Sie wie bei einem Rätsel vorgehen, in sich hineinhören, assoziativ denken oder warten, bis die Intuition Ihnen einen weiteren Hinweis gibt. Unter Umständen können Sie zum besseren Verständnis auch noch eine weitere Karte aufdecken.

Eine Legemethode mit zwei Karten

Diese Methode ist immer dann geeignet, wenn man sich eine Entscheidungshilfe wünscht. Mischen Sie die Karten, heben Sie ab, und legen Sie die Karten aus. Es sollen zwei Karten durch ahnungsvolles Berühren der Kartenrückseiten ausgewählt werden. Dabei gehen Sie so vor, daß Sie zunächst für die eine Alternative eine Karte auswählen und sie verdeckt auf die Seite legen. Danach suchen Sie eine Karte für die andere Alternative aus. Erst jetzt drehen Sie beide Karten um und versuchen, den Rat des Tarot in Ihre Entscheidungsfindung mit einzubeziehen.

Beispiel: Ein Mann möchte seinen Chef um eine Gehaltserhöhung bitten. Er weiß nicht, ob er noch warten oder sofort auf sein Ziel zustürmen soll. Er deckt zwei Karten auf: Für das Warten wird die Karte Kelch-As aufgedeckt. Für das direkte Vorgehen erhält er die Karte Zerstörung (Karte XVI der Trumpfkarten).

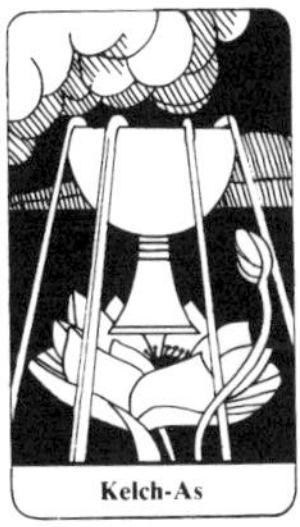

Die Antwort ist eindeutig, und der Mann entschließt sich, wenigstens bis zum nächsten Tag zu warten, um dann die Karten erneut zu befragen.

Die Karriereleiter

Mischen Sie die Karten wie üblich und legen Sie sie in einem Halbkreis aus. Suchen Sie dann fünf Karten und legen Sie sie übereinander wie in der Abbildung. Bevor Sie jeweils eine Karte bestimmen, sprechen Sie innerlich zu sich wie folgt:

- Die erste Karte ist für meine jetzige berufliche Situation.
- Die zweite Karte steht für das Ziel, das ich erreichen möchte.
- Die dritte Karte benennt den Weg von meiner Ausgangssituation zum Ziel (Karriereweg).
- Die vierte Karte zeigt mir ein Hindernis (diese Karte wird quer gelegt).
- Die fünfte Karte zeigt mir eine Möglichkeit, das Hindernis zu umgehen.

Beispiel (von einer Frau gelegt):

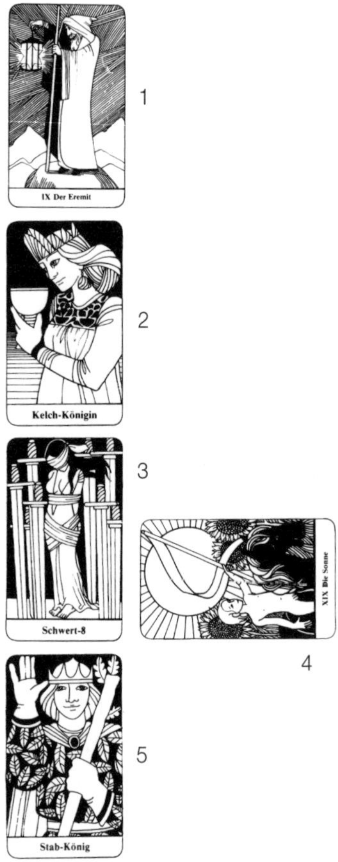

Für ihre berufliche Ausgangssituation (Karte 1) zieht sie den Eremiten. Die Frau kann sofort bestätigen, daß sie sich in ihrem jetzigen Beruf tatsächlich sehr einsam und isoliert vorkommt. Sie ist die meiste Zeit allein, weil ihr Chef sehr viel unterwegs ist und sie im Grunde nur Telefondienste und schriftliche Arbeiten erledigt. Für ihr Berufs- oder Karriereziel steht die Karte Kelch-Königin (Karte 2). Diese Karte weist darauf hin, daß die Frau gerne einen Beruf ergreifen würde, in dem sie mehr ihre weibliche, intuitive und gebende Seite verwirklichen kann. Tatsächlich trägt sich die Frau mit dem Gedanken, den Beruf einer Heilpraktikerin zu ergreifen. Für den Weg wird die Schwert-8 (Karte 3) gezogen. Die Frau erkennt in dieser Karte ihre Angst, den momentanen Beruf und die damit verbundene Sicherheit aufzugeben. Als Hindernis wird die Sonne (Karte 4) aufgedeckt. Sie wird interpretiert als Bequemlichkeit, die es zu überwinden gilt, wenn man einen neuen Beruf ergreifen möchte. Als Hilfe beziehungsweise als die Karte, die den Weg benennt, mit dem sich das Hindernis umgehen läßt, erscheint der Stab-König (Karte 5). Der Stab-König verweist auf einen männlichen Freund, oder zumindest auf eine nahestehende männliche Person, die der Frau bei der Verwirklichung ihres Berufswunsches behilflich sein wird. Die Frau kann zunächst niemanden benennen, der eine derartige Funktion übernehmen könnte. Erst zu einem späteren Zeitpunkt bewahrheitet sich das Tarot: Sie lernt einen Mann kennen, der einen ähnlichen Weg wie sie gegangen ist. Er war früher Techniker und ist heute Heilpraktiker. Dieser Mann motivierte die Frau, ihrem Berufswunsch nachzukommen.

Der runde Tisch

Diese Legemethode ist immer dann günstig, wenn man vor einem Problem oder einer schwierigen Aufgabe steht und vom Tarot Hinweise und Hilfen erhofft. Bestimmen Sie zwischen drei und zehn Karten, die Sie in einem Kreis auslegen. Jede Karte steht für eine Instanz, die den Sachverhalt aus ihrer durch die Karte bestimmten Position betrachtet. Als Beispiel dient ein Gruppenprotokoll. In einem Tarotseminar möchte eine Teilnehmerin ihre berufliche Situation mit Hilfe der Karten angehen. Sie arbeitet beim Fernsehen. Seit zehn Jahren wurde sie bei Beförderungen übergangen.

Die Frau zieht sechs Karten. Genauso viele Teilnehmer aus dem Seminar sollen sich dann in jeweils eine Karte versetzen und aus dieser Position ihre Eingebungen kundtun.

XVI Die Zerstörung

1. Karte und Teilnehmerin, die Zerstörung (Karte XVI): »Ich vertrete die Karte ›Die Zerstörung‹. Ich weiß nicht genau, was ich dir sagen soll. Das einzige, was mir kommt, ist der Gedanke, daß du vielleicht, ohne es selbst zu bemerken, zu selbstgefällig bist. Das Nichtgewähren einer Beförderung wäre sozusagen immer wieder eine kleine Zerstörung, die dich auf den Boden der Realität bringen soll.«

2. Karte und Teilnehmerin, Stab-9: »Ich betrachte die Angelegenheit aus der Position der Karte Stab-9. Mir kommt die Idee, daß du möglicherweise zu wenig Energie aufbringst, um die Beförderung zu erlangen. Vielleicht bist du zu erschöpft und brauchst eine Pause.«

3. Karte und Teilnehmerin, die Liebenden (Karte VI): »Aus meiner Position sehe ich den Sachverhalt so, daß du in deinen Chef, vielleicht ohne es selbst zu wissen, verknallt bist, und ihm mehr Gefühle entgegenbringst, als es für eine rein berufliche Position günstig und richtig ist. Vielleicht hat dein Chef Angst vor solchen Emotionen und wehrt dich deswegen ab.«

4. Karte und Teilnehmerin, Stern-10: »Aus meiner Position, der Karte Stern-10, sage ich dir, daß du die Beförderung verdienst und auch bald bekommen wirst.«

5. Karte und Teilnehmerin, Stern-3: »Möglicherweise nimmst du deine Arbeit zu wichtig. Die Stern-3 erinnert dich daran, daß du für ein größeres Ganzes arbeitest und dein Ego nicht so sehr herausstreichen sollst.«

6. Karte und Teilnehmerin, Stab-3: »Aus meiner Position möchte ich dir sagen, daß du vielleicht zu wenig Kräfte mobilisierst, vielleicht fällt dir das Kämpfen schwer. Die Karte Stab-3 erinnert dich daran, daß du dich einsetzen und mit anderen konkurrieren sollst.«

Stab-3

In ähnlicher Weise geht man vor, wenn man das Tarot alleine befragt. Dann versetzt man sich jeweils selbst in die einzelnen Karten und denkt, urteilt und spricht nacheinander aus deren Position.

Berufssuche

Diese Methode kann dabei behilflich sein, sich über die eigenen beruflichen Fähigkeiten und Interessen mehr Klarheit zu verschaffen. Man wählt dafür aus dem Kartenstapel zehn Karten aus. Dann ordnet man die Karten, und zwar wie folgt:

- In die crste Reihe kommen alle Karten des Großen Arkanums.
- In die zweite Reihe kommen alle Karten des Stab-Elements.
- In die dritte Reihe kommen alle Karten des Kelch-Elements.
- In die vierte Reihe kommen alle Schwert-Karten.
- In die fünfte Reihe kommen alle Stern-Karten.

Man analysiert dann das gesamte Kartenbild und läßt sich dabei von folgenden Fragen leiten:

Welches Element überwiegt?

Sind besonders viele Karten des Großen Arkanums vorhanden?

XIII Der Tod

XX Die Auferstehung

Beispiel: Ein Mann hat folgendes Kartenbild aufgedeckt.

In der ersten Reihe, in der Reihe des Großen Arkanums, befindet sich der Tod (Karte XIII) und die Auferstehung (Karte XX).

Für die Reihe des Stab-Elements gibt es keine Karte.

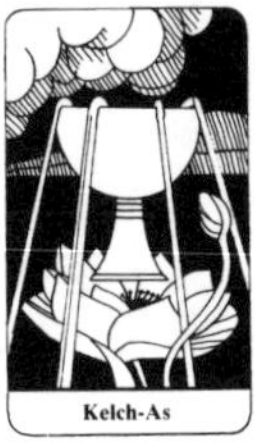

Das Kelch-Element ist mit fünf Karten vertreten.

Das Schwert-Element ist durch eine Karte vertreten.

Das Stern-Element ist mit zwei Karten vertreten.

Interpretation: Die Karten des Großen Arkanums deuten an, daß sich der Mann in besonderer Weise mit menschlichen Schicksalen, mit Tod und Wiedergeburt, mit Problemlösung und Problemhilfe beschäftigen sollte (Medizin, Psychotherapie). Die fünf Kelch-Karten, wovon zwei Hofkarten sind, verstärken diesen Eindruck, denn die Kelch-Karten verweisen ganz allgemein auf helfende Berufe. Ein Problem dürfte sein, daß das Element der Stab-Karten überhaupt nicht vertreten ist. Das könnte ein

Hinweis dafür sein, daß es dem Mann schwerfällt, sich beruflich einzubringen und durchzusetzen, um ein bestimmtes berufliches Ziel zu erreichen.

Das Keltische Kreuz

Das Keltische Kreuz ist wohl das älteste Legemodell und wird in den meisten Tarotbüchern beschrieben. Bevor die Karten gemischt und ausgelegt werden, muß ein Signifikator bestimmt werden. Es ist eine Karte, die den Fragenden darstellt und näher benennt (*significare* ist lateinisch und bedeutet benennen) oder einen eindeutigen Bezug zu seiner Frage hat. Stellt ein Mann die Frage, wählt man eine Königskarte, für eine Frau eine Königin. Welchen König oder welche Königin man auswählt, liegt im Ermessen des Fragenden. Er kann sich dabei von folgenden Hinweisen inspirieren lassen: Für Angelegenheiten des Gefühls (Partnerschaft, Liebe) bestimmt man eine Kelch-Karte. Wenn es um Fragen im Zusammenhang mit Geld oder dem Beruf geht, nimmt man den Stern-König bzw. die -Königin. Steht eine Auseinandersetzung im Vordergrund, kann man eine Stab-Karte zum Signifikator wählen. Bei Angelegenheiten schwerer oder unangenehmer Art bringt man eine Schwert-Karte ins Spiel. Der Signifikator kommt aufgedeckt, das heißt mit der Bildseite nach oben, in die Mitte. Die anderen Karten werden gemischt und wie üblich verdeckt, das heißt mit der Bildseite nach unten, in einem Halbkreis ausgelegt. Dann werden zehn Karten mit den folgenden Anweisungen durch ahnungsvolles Berühren ausgewählt:

- Die erste Karte, die Sie auswählen, umhüllt Sie. Diese Karte stellt die Einflüsse dar, die auf Sie einwirken. Auch die Atmosphäre oder das Klima. Wenn Sie diese Karte bestimmt haben, bedecken Sie damit den Signifikator.
- Die zweite Karte kreuzt Sie. Sie verweist auf Hindernisse. Ist es eine günstige Karte, wird ihr hemmender Einfluß geringer sein als bei einer ungünstigen. Legen Sie sie kreuzweise über die erste Karte.
- Die dritte Karte krönt und vollendet Sie. Sie versinnbildlicht, was Sie sich bestenfalls erhoffen können.

- Die vierte Karte steht unter Ihnen. Sie zeigt das Fundament der Angelegenheit. Das, worauf Sie sich verlassen können.
- Die fünfte Karte verweist auf die Vergangenheit. Das, was bereits geschehen ist, was hinter Ihnen liegt.
- Die sechste Karte zeigt in die Zukunft. Was vor Ihnen liegt, was in naher Zukunft wirkt.
- Die siebte Karte zeigt Sie, wie Sie das Tarot im Zusammenhang mit der Frage sieht.
- Die achte Karte zeigt Ihr Heim und Ihre Umgebung.
- Die neunte Karte verweist auf Ihre Hoffnungen und Ängste in bezug auf die Frage.
- Die zehnte Karte zeigt das Ergebnis, das Finale.

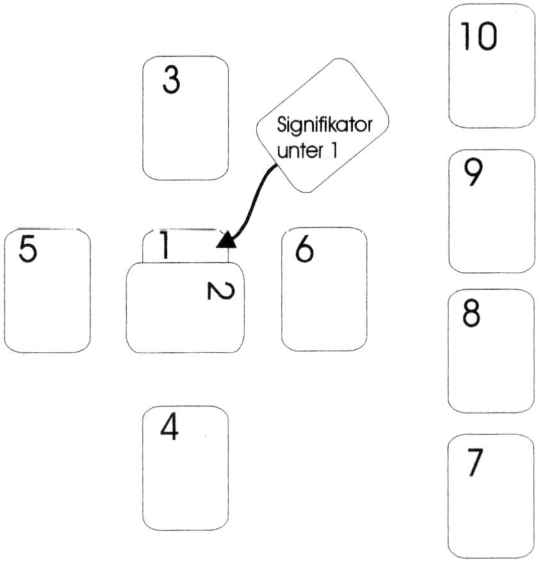

In der Abbildung geben die Ziffern die Reihenfolge der Karten wieder.

Beispiel: Ein 35jähriger Mann möchte in einem Tarotseminar die Karten befragen. Er ist seit sieben Jahren Psychologe in einer Klinik für Alkoholkranke. Die Arbeit erfüllt ihn, aber sie zehrt auch an ihm. In letzter Zeit trägt er sich häufig mit dem Gedanken zu kündigen, etwas Neues anzufangen. Als Signifikator wird der Stab-König gewählt. Er steht für Kraft und neue Unternehmungen.

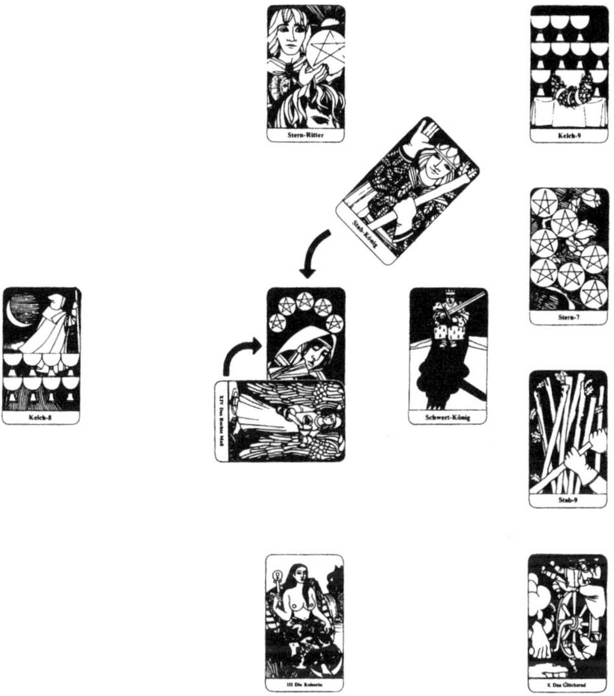

Es ergibt sich folgender Dialog zwischen ihm (A) und dem Seminarleiter (S):

(S) »Bei deiner Arbeit geht es um Mitgefühl (Stern-5). Das kann heißen, daß du Trost gibst, aber auch, daß du selber Hilfe suchst.«

(A) »Beides. Ich gebe viel, aber manchmal fühle ich mich ausgebrannt, völlig leer.«

(S) »Was dich kreuzt, ist diese Karte. Sie heißt Das Rechte Maß. Dieser Engel hier könnte dir sagen: Bleibe in der Mitte, verliere die Balance nicht.«

(A) »Das sage ich mir auch. Aber die Karte steht doch gegen

mich. Heißt das, daß ich zuviel abwäge, daß ich zu vorsichtig bin?«

(S) »Du kannst gar nicht anders. Wenn diese Karte gegen dich ist, dann hält sie dich im Zaum. Man kann nicht einfach eine siebenjährige Arbeit hinwerfen. Da muß alles doppelt und dreifach abgewogen werden. Die Ursache dafür liegt hier, in der Gestalt des Schwert-Königs. Der steht vor dir, in deiner Zukunft. Ihn mußt du überwinden, wenn du dich befreien willst. Er ist so etwas wie dein geistiger Übervater, der dir ständig vorhält, was du falsch machst und noch besser überlegen sollst, damit du ja keine Dummheiten machst. Er ist die personifizierte Kontrolle. Was ich noch sehe, ist dies: In deinem Herzen hast du dich längst entschieden, deine Arbeit zu verlassen (Kelch-8 in der Vergangenheit), weil dich das ewige Leid aushöhlt (Stern-5 auf Signifikatorkarte). Deine Vorstellung, sozusagen dein Idealbild, ist der Stern-Ritter. Du möchtest frei sein, ungebunden und offen für das Leben. Der Boden, auf dem du stehst, ist fest. Du kannst ihm vertrauen. Dies ist ein schönes Bild. Du stehst fest auf der Erde (Kaiserin) und siehst in den Himmel (Stern-Ritter). Jetzt diese Karten: Unten ist das Glücksrad, das Rad des Schicksals. So sieht dich der Geist des Tarot. Das ist bedeutsam. Du mußt durch diesen Prozeß der Veränderung, der Erneuerung. Nicht du bist es, der sich entscheidet, das Leben hat sich entschieden. Du kannst dich höchstens gegen den Schwung des Rades stemmen. Und schau, das tust du auch. Du stehst allein auf verlorenem Posten, klammerst dich an das, was dir noch bleibt (Stab-9).«

(A) »Ja, das ist es. Ich habe Angst, das bißchen Sicherheit zu verlieren. Unglaublich, was die Karten sagen. Dieser König mit dem Schwert bin ich oft selbst, in meiner Arbeit, wenn ich unseren Patienten ihre Trägheit und Bequemlichkeit vorhalte, und so bin ich auch zu mir.«

(S) »Schau, deine Hoffnungen. Deine Arbeit trägt Früchte (Stern-7). Aber ist es nicht auch die Hoffnung, selbst weiterzuwachsen? Das Ergebnis, das, was herauskommt, kann sich sehen lassen. Du hast acht Kelche verlassen und neun neue gefunden. Ich meine, daß du deinem Schwert-König getrost weniger Aufmerksamkeit schenken kannst.«

Nach drei Monaten trifft der Fragende den Seminarleiter wieder. Glücklich erzählt er, er »habe es halb geschafft und gegen den Widerstand seines Chefs durchgesetzt, nur noch halbtags zu arbeiten«. Und er fügt hinzu: »Es ist schon viel besser, und ich sehe es als ersten Schritt.«

Der Seminarleiter bestätigt ihn in seinem Tun: »Deine Karten von damals lassen Veränderungen nur schrittweise, maßvoll und unter Kontrolle zu. Die Kelch-9 ist tatsächlich nur eine Stufe zum großen Glück, zum Tanz der zehn Kelche unter dem bunten Regenbogen.«

Anmerkungen: Man kann das Keltische Kreuz auch ohne die Karten sieben, acht, neun und zehn durchführen. Für den Anfänger ist es sogar ratsam, sich auf sechs Karten und den Signifikator zu beschränken. Wichtig ist es, die Karten ›was umhüllt‹ und ›was kreuzt‹ richtig zu interpretieren. Die erste meint die Art und Weise, wie man sich nach außen zeigt, wie man sich gibt, auch wie man von anderen erlebt wird oder welche Kräfte noch am Werk sind, derer man sich vielleicht selbst gar nicht bewußt ist. Die zweite Karte verweist auf Hindernisse, störende Einflüsse von außen und innen und Kräfte, die man berücksichtigen muß.

Die Persönliche Berufskarte

Die Persönliche Berufskarte wird nicht durch intuitives Auswählen, sondern durch Berechnen bestimmt.

Die Bedeutung der Persönlichen Berufskarten wird gleich anschließend erklärt. Zunächst ist es aber wichtig, die Berechnung an sich ins richtige Licht zu stellen. Soweit es sich dabei um ein Spiel handelt, ist es interessant und informativ. Aber man darf die Karten nicht überinterpretieren. Der Reiz und die Stärke des Tarot beruht in allererster Linie auf Veränderung. Wenn ich heute die Karten frage, dann ist die Antwort schon ganz anders als gestern, und morgen zeigt mir der Geist des Tarot wieder einen neuen Weg. Das Tarot greift den Augenblick auf, es will den Betrachter mit dem Hier und Jetzt konfrontieren, sonst nichts. Es ist immer nur ein Moment, der vom Tarot eingefangen wird. Das Tarot will flüchtig bleiben. Es existieren in der Esoterik Methoden, die die Qualität der Zeit mit einbeziehen, allen voran die Astrologie. Tarotmeister, die diese errechneten Karten für überaus wichtig erachten, überfrachten das Tarot und möchten es vielleicht zum Universal-Orakel erheben. Aber da lacht der Narr. Er wird immer dafür sorgen, daß das Tarot ein Spiel bleibt, unberechenbar wie das Leben selbst. Nach diesem Vorspann können jetzt Bedeutung und Berechnung der Persönlichen Berufskarte folgen.

Die Persönliche Berufskarte wird aus dem Geburtstag berechnet. Man benützt dafür nur die Karten des Großen Arkanums. Angenommen, Sie sind am 1. 1. 1950 geboren. Dann werden Ihre nebeneinander geschriebenen Zahlen der Reihe nach addiert:

1 + 1 + 1 + 9 + 5 + 0 = 17.

Die Zahl 17 entspricht der Karte DIE STERNE. Diese Karte XVII ist damit Ihre Persönliche Berufskarte.

Bei der Durchnumerierung erhält die Karte 0, DER NARR, die Zahl 22. Ergibt sich eine Zahl über 22, dann wird einfach so lange die Zahl 22 abgezogen, bis eine Ziffer unter 22 erscheint.

Ein Beispiel: Geburtstag am 28. 8. 1959.

Als Quersumme ergibt sich 2 + 8 + 8 + 1 + 9 + 5 + 9 = 42.

Diese Zahl ist größer als 22. Daher muß erst 22 abgezogen werden.

42 – 22 = 20. Diese Zahl entspricht der Karte DIE AUFERSTEHUNG (Trumpfkarte XX).

DIE BEDEUTUNG DER 22 PERSÖNLICHEN BERUFSKARTEN

I DER MAGIER

Wo es auf den einzelnen ankommt. Wo Schnelligkeit Trumpf ist. Wo Konkurrenz nicht störend, sondern sogar erwünscht ist. Wo Führungsqualitäten verlangt werden. Wo man spontan sein darf. Wo expansiv gedacht und gehandelt wird. Wo Rhythmus herrscht, Musik gefragt ist, Kreativität möglich ist. Wo Ideen ankommen. Wo sich eine Rolle erkämpfen läßt. Wo Idealismus möglich ist. Wo auch Außenseiterwege möglich sind. Wo Reformen durchgeführt werden. Wo Gefahren liegen, wo Risiko herrscht. Wo Aggressivität Raum hat. Wo es um Sonderaufgaben geht. Wo Pioniergeist einfließen kann. Wo Feuer und Hitze eine Rolle spielen. Naturwissenschaft, Technik, medizinischer Bereich (Notfall-, Tiermedizin), Sport, Beratung, Management, Musik, Tanz, Kunsttherapie, Raumfahrt, Militär, Naturwissenschaft, Chirurgie, Kfz-Technik, Feuerberufe, Heizungsberufe.

II Die Hohepriesterin

Wo Geborgenheit und Sichwohlfühlen wichtig sind. Wo Gefühlshaftes, Innerseelisches eine Rolle spielt. Wo gesammelt und bewahrt wird. Wo es um die Vergangenheit geht. Das Reich der Märchen und Mythen. Tätigkeiten in Zusammenhang mit Wasser, Meer und Flüssigkeit. Innenarchitekt, Designer, Lehrer, Psychologe, Psychotherapeut, Pädagoge, Historiker, Kunstgeschichtler, Künstler, Dichter, Koch.

III Die Kaiserin

Arbeit mit Stofflichem, Konkretem. Arbeit in der Natur und mit Naturprodukten. Wo Sinnlichkeit eine Rolle spielt. Wo schöpferisch und handwerklich gearbeitet wird. Banken. Lebensmittel- und Textilindustrie. Gastronomie. Ernährung. Alternative Lebensführung. Didaktik. Heilkunde. Körpertherapie. Massage. (Innen-)Architektur. Statik. Handwerk (Schreinerei). Kunsthandwerk. Wo Schönheit beziehungsweise Verschönerung eine Rolle spielen (Kosmetik, Mode, Friseursalon). Musik (Gesang). Malerei. Dekoration. Blumenbinderei. Glaserei.

IV Der Kaiser

Beruflicher Ehrgeiz. Bereitschaft, Verantwortung zu übernehmen. Hindernisse können überwunden werden. Durch Lernen und Kritik weiterkommen. Anspruchslos sein. Genaues und sorgfältiges Arbeiten. Zuverlässigkeit. Allein und selbstverantwortlich arbeiten können. Vor schwierigen Aufgaben nicht haltmachen. Praktische Hilfsbereitschaft und die Fähigkeit, Lebenshilfen zu geben, machen beliebt. Objektivität, Selbstbeherrschung, Konzentrationsfähigkeit und Ernsthaftigkeit befähigen zu Führungsfunktionen. Körperbewußtsein hält gesund und fit. Staatsbeamter. Rechts- und Staatswissenschaftler. Politiker. Ökonom. Abgeordneter. Bauarbeiter. Landvermesser. Geograph. Hoch- und Tiefbauingenieur. Mathematiker. Masseur. Körpertherapeut. Chiropraktiker. Orthopäde. Förster. Waldarbeiter. Gärtner. Landwirt. Dreher. Automechaniker. Elektriker. Ingenieure. Techniker. Wachpersonal. Nachtwächter. Leuchtturmwärter. Wetterbeobachter. Verwaltung. Sekretariat. Organisation. Höhlenforschung. Bergbau. Lehramt.

V Der Hohepriester

Wo es um Glauben geht (Missionsarbeit, Klosterleben). Wo Mitgefühl eine Rolle spielt (Sozialdienst, Altenpflege). Kunst, besonders Musik (Kirchenorganist) und esoterische Kunst (Chormusik). Wo Handel und Gewinne mit Geistlichem erfolgen (karitative Einrichtungen, Esoterikmesse, Esoterikladen, Verleger, Buchladen). Wo Angelegenheiten des Glaubens geschrieben, verlegt, verbreitet werden (Verleger, Schriftsteller, Redner, Politiker, Künstler, Fachbuchautor). Wo durch Einsicht heilerische Kräfte geweckt werden (Pädagogik, Therapie, Sozialarbeit, Heilgymnastik, Heil- und Kurbäder). Wo die Psyche des Alltäglichen erforscht und dargestellt wird (Psychologie, Menschenkunde, Erwachsenenbildung, Naturwissenschafts-, Religions- und Gesellschaftsphilosophie).

VI Die Liebenden

Wo man sich verwöhnen lassen kann. Wo man dem Leben vergnügt und spielerisch begegnet. Wo Lust gelebt werden darf. Wo man Liebe und Eros findet. Tätigkeiten und Berufe, die mit Partnerschaft und Sexualität zu tun haben. Paartherapie. Partnervermittlung. Tantratherapie. Familientherapie. Künstlerisch-soziale oder psychologisch-pädagogische Berufsfelder und Berufe, die mit Ästhetik, Geschmack, künstlerischem Können, Stil, Repräsentation, gutem Benehmen zu tun haben. Diplomat. Kunstschneider. Modeschneider. Tänzer. Kunsthandwerk. Goldschmiedekunst. Juwelier. Uhrmacher. Friseur. Kosmetik. Musik. Gesang. Malerei. Bildhauerei. Dekoration. Blumenbinderei. Grafik. Werbedesign. Layout. Zeichen- und Musikpädagogik.

VII Der Siegeswagen

Tätigkeiten und Berufe, bei denen es auf Schnelligkeit, Wendigkeit, Vielseitigkeit, eine gute Spürnase und einen gesunden Menschenverstand ankommt. Wo Menschen aufeinandertreffen oder miteinander verbunden werden. Wo organisiert und delegiert wird (Management). Wo transportiert und verbunden wird (Post und Eisenbahn). Wo geredet, unterrichtet, gelehrt, diskutiert, beschlossen wird. Wo Reisen geplant, verkauft und durchgeführt werden (Reisebüro, Reisebus, Flugzeug).

VIII Die Stärke

Wo Zuverlässigkeit, Planung und Systematik wichtig sind (Dienstleistung, Verwaltung, Aufsicht, Kontrolle, Buchhaltung, Revision). Wo Ordnungen – einfache wie höhere – wichtig sind (Zug-, Kalender-, Verkehrsplanung, Psychologie, Soziologie, Naturwissenschaften wie Mathematik, Astronomie, Vorsorge). Wo Arbeit verteilt oder verwaltet wird (Arbeitsamt). Wo Selbstfindung und Heilung mit Hilfe von Astrologie betrieben wird. Wo Gesundheit im Mittelpunkt steht (Körper- und Psychotherapie, Prophylaxe, Naturheilverfahren, Dienst am Kranken, Pflegeberufe, Hygiene, Reform- und Bioladen). Wo es um Technik, Mechanik, Statik und Sicherheit geht (Zahntechnik, Feinmechanik).

IX Der Einsiedler

Bereitschaft, Verantwortung zu übernehmen. Hindernisse können überwunden werden. Anspruchslos sein. Allein und selbstverantwortlich arbeiten können. Vor schwierigen Aufgaben nicht haltmachen. Praktische Lebenshilfen geben können. Über echte Lebenserfahrung verfügen. Objektivität. Selbstbeherrschung. Konzentrationsfähigkeit und Ernsthaftigkeit befähigen zu Führungsfunktionen. Außergewöhnliche Berufe ausführen können (Leuchtturmwärter, Wetterbeobachter). Distanz zum Arbeiten haben. Unabhängig von äußerem Status sein. Aussteiger sein können. Bergbau. Lehramt. Philosophie.

X Das Glücksrad

Tätigkeiten und Berufe, bei denen es auf Schnelligkeit, Wendigkeit, Vielseitigkeit, eine gute Spürnase und einen gesunden Menschenverstand ankommt. Wo Menschen aufeinandertreffen oder miteinander verbunden werden. Wo organisiert und delegiert wird (Management). Wo Unterhaltung und Vergnügen geboten werden (Kino, Theater, Café, Bar, Park, Casino). Wo getanzt, gespielt und ausgelassen gefeiert wird. Wo Reisen geplant, verkauft und durchgeführt werden (Reisebüro, Reisebus, Flugzeug). Barkeeper. Bedienung. Conférencier. Entertainer. Filmemacher. Journalist. Lehrer. Moderator. Redner. Reiseleiter. Tänzer.

XI Die Gerechtigkeit

Tätigkeiten und Berufe, die mit Ausgleich, Wiedergutmachung und Gerechtigkeit zu tun haben. Alle juristischen Berufe (besonders Mediation). Pädagogik. Therapie. Medizin. Alle Tätigkeiten im Zusammenhang mit Hilfsorganisationen.

XII Der Hängende

Wissenschaft und Forschung. Außerordentliche Berufsbilder wie Magie, Astrologie, Spiritismus, Wahrsagekunst, Tarot. Wo nach einer inneren Überzeugung oder einem starken Glauben gelebt und gearbeitet wird (Kloster, besondere Schulsystem wie z. B. Anthroposophie, Priester, Pfarrer). Wo Mitgefühl für Kranke und Außenseiter besteht (Sozialdienst, Gefängnisarbeit, Aids-Hilfe, psychiatrischer Dienst, Pflegedienst).

XIII Der Tod

Arbeit mit sozial Schwachen oder schwierigen Jugendlichen. Arbeit mit geistig Behinderten. Chirurgie. Pflege. Psychiatrie. Psychotherapie. Astrologie. Arbeiten im Gefängnis. Beschäftigung mit Okkultem, Magischem, Spiritistischem, Spirituellem (Hellseher, Reinkarnationstherapeut, Spiritist). Spirituelle Einweihung und Führung. Wo Hilfe in Grenzsituationen gegeben wird (Krieg, Katastrophen). Wo es um Leben und Tod geht (Notarzt, Altenhilfe, Sterbehilfe, Sanitätsdienst, alle karitativen Hilfsdienste wie Rotes Kreuz, Straßenwacht, Bergrettungsdienst, Seenotdienst). Wo es um Geheimnisse geht (Seelsorge, Geheimdienst, Kriminologie).

XIV Das Rechte Mass

Wo Zuverlässigkeit, Planung und Systematik wichtig sind (Dienstleistung, Verwaltung, Aufsicht, Kontrolle, Buchhaltung, Revision). Wo Ordnungen – einfache wie höhere – wichtig sind (Naturwissenschaften wie Mathematik, Astronomie, Astrologie). Wo Arbeit verteilt oder verwaltet wird (Arbeitsamt). Wo Selbstfindung und Heilung betrieben wird. Wo es um Technik, Mechanik, Statik und Sicherheit geht (Zahntechnik, Feinmechanik). Dienstleistungen (Gastronomie, Reiseservice, Hygiene, Pflege).

XV Der Teufel
Wo es um außergewöhnliche und starke, abwechslungsreiche Tätigkeiten und Berufe geht. Soldat. Polizist. Kriminalbeamter. Detektiv. Forscher. Sprengstoffmeister. Herstellung und Vertrieb von Waffen. Politik. Agent. Kriegsberichterstatter. Notärztliche Dienste. Arbeiten im Gefängnis oder in der Drogenarbeit. Arbeit mit schwierigen Jugendlichen. Beschäftigung mit Okkultem, Magischem, Spiritistischem. Beschäftigungen in der Pharmazie. Sexualberatung und -therapie. Die gesamte Sex- und Pornoindustrie. Wo Hilfe in Grenzsituationen gegeben wird (Krieg, Katastrophen).

XVI Die Zerstörung
Tätigkeiten und Berufe, die hinterfragen, aufklären, aufdecken und auf den Boden bringen. Therapie. Erwachsenenbildung. Vor schwierigen Aufgaben nicht haltmachen. Praktische Lebenshilfen geben können. Über echte Lebenserfahrung verfügen. Wo Krankheit aus einer umfassenden und höheren Perspektive betrachtet wird (Astromedizin, Geistheilung, Naturheilpraxis). Wo Einsicht in Zusammenhang zwischen Einstellung zum Leben einerseits und Selbstbefinden andererseits vermittelt wird (Radio, TV, Zeitung, Buchhandel, Volkshochschule, Esoterik). Wo Hilfe in Grenzsituationen gegeben wird (Krieg, Katastrophen).

XVII Die Sterne
Wo Einfühlungsvermögen und Intuition wichtig sind (Therapie, Beratung, Pädagogik, Kindergarten). Alle künstlerischen Tätigkeiten und Berufe. Wissenschaft (besonders Mathematik, Physik, Astronomie). Grenzwissenschaften wie Astrologie, Parapsychologie, Tarot. Wo ›Seelisches‹ verbreitet wird (Schriftsteller, Redner, Politiker, Künstler, Fachbuchautor, Fachjournalist). Wo Einsicht vermittelt wird (Gesprächstherapeut, Psychoanalytiker, Sprecher, Lehrer, Kindergärtner).

XVIII Der Mond
Wo es um Angelegenheiten von Heim, Haus und Wohnung geht. Wo Geborgenheit und Sichwohlfühlen wichtig sind. Wo

Gefühlshaftes, Innerseelisches eine Rolle spielt. Bereiche der Gastronomie. Wo gesammelt und bewahrt wird. Wo es um die Vergangenheit geht. Wo Geburt, Erziehung, Pflege und Versorgung von Kindern eine Rolle spielen. Das Reich der Märchen und Mythen. Tätigkeiten in Zusammenhang mit Wasser, Meer und Flüssigkeit. Immobilienmakler, Innenarchitekt, Designer, Werbegrafiker, Lehrer, Hebamme, Gynäkologe, Kindergärtner, Psychologe, Psychotherapeut, Pädagoge, Historiker, Kunstgeschichtler, Künstler, Dichter, Koch, Ernährungswissenschaftler, Gastronom, Bierbrauer, Weinhändler, Fischer, Seefahrer.

XIX Die Sonne

Wo kreativ und schöpferisch gearbeitet werden kann. Wo es auf Selbstdarstellung ankommt. Wo Geschmack wichtig ist. Wo es um Gestaltung und Ausdruck geht. Wo Schönheit, Kunst und Mode entworfen, gesammelt, aufbewahrt, gekauft und verkauft werden. Wo Stil und schöne Atmosphäre wichtig sind. Wo dazu beigetragen wird, daß man sich wohl fühlt, entspannen und Urlaub machen kann. Wo man sich verwöhnen lassen kann. Wo man dem Leben vergnügt und spielerisch begegnet. Wo Lust gelebt werden darf. Wo man Liebe und Eros findet. Wo es um Verantwortung, Reifung, Führung und Schulung geht. Wo Licht und Erleuchtung – und zwar im buchstäblichen wie im übertragenen Sinne – gefunden werden kann. Malerei. Kunsthandwerk. Goldschmiede. Mode. Kunstschneiderei. Elektrik. Beleuchtung. Musik. Bildhauerei. Tanz. Theater. Ballett. Fotografie. Kunsthandel. Museum. Archiv. Körperpflege. Schönheit. Eros. Spiel. Dressur. Vergnügen. Entspannung. Lebensphilosophie.

XX Die Auferstehung

Wo Recht formuliert und vertreten wird (Gericht, Politik, Ausschuß). Wo Reformen durchgesetzt werden (Politik, Gewerkschaft). Wo es um Glauben geht (Missionsarbeit, Klosterleben). Wo durch Einsicht heilerische Kräfte geweckt werden (Pädagogik, Therapie, besonders Familientherapie, Sozialarbeit, Heilgymnastik, Heil- und Kurbäder). Naturwissenschafts-, Religions- und Gesellschaftsphilosophie.

XXI Die Welt
Grenzwissenschaften wie Astrologie, Parapsychologie, Tarot. Wo ›Seelisches‹ verbreitet wird (Schriftsteller, Redner, Politiker, Künstler, Fachbuchautor, Fachjournalist). Wo Einsicht vermittelt wird (Gesprächstherapeut, Psychoanalytiker, Sprecher, Lehrer, Kindergärtner). Wo Krankheit aus einer umfassenden und höheren Perspektive betrachtet wird (Astromedizin, Geistheilung, Naturheilpraxis). Wo Einsicht in Zusammenhang zwischen Einstellung zum Leben einerseits und Befindlichkeit andererseits vermittelt wird (Radio, TV, Zeitung, Buchhandel, Volkshochschule, Esoterik). Wo es um Magie, Mystik, Esoterik geht. Wo Kunst als Ausdruck der Seele und des Glaubens verstanden wird (Kirchenchor, esoterische Musik). Wo Übergreifendes vertreten wird (Politik).

0 Der Narr
Wo man dem Leben vergnügt und spielerisch begegnet. Wo Lust gelebt werden darf. Tätigkeiten und Berufe, bei denen es auf Schnelligkeit, Wendigkeit, Vielseitigkeit, eine gute Spürnase und einen gesunden Menschenverstand ankommt. Wo Menschen aufeinandertreffen. Wo Kommunikation stattfindet (Kino, Theater, Café, Bar, Park). Wo getanzt, gespielt und ausgelassen gefeiert wird. Wo Reisen geplant, verkauft und durchgeführt werden (Reisebüro, Reisebus, Flugzeug). Barkeeper, Bedienung, Buchhändler, Conférencier, Entertainer, Filmemacher, Journalist, Moderator, Redner, Reiseleiter, Schriftsteller, Steward, Tänzer.

ZU DEN KARTEN VON LINDE FAMIRA

Linde Famira hat die Karten zu diesem Buch nach Anregungen des Verfassers dieses Buches gestaltet. Im großen und ganzen richtete sie sich nach den klassischen Vorbildern. Einige Karten wurden bewußt verändert, wie der Magier, der jetzt wirklich hinaustritt in die Welt, oder der Hohepriester, der jetzt als ein ›Buddha‹ erscheint. Zwar ist die Symbolik des Tarot zeitlos und ewig gültig, aber jede Zeit trägt ihr eigenes Gewand, braucht eigene Formen, um sie zu verstehen und um sie leben zu können.